U0935750

学好数学 √并不难

孙亮朝 / 著

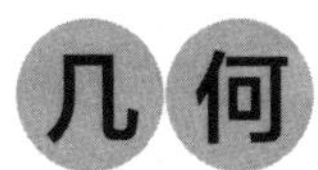

浙江人民出版社

图书在版编目（CIP）数据

学好数学并不难．几何 / 孙亮朝著．— 杭州：浙江人民出版社，2020.5（2023.9 重印）

ISBN 978-7-213-09433-0

Ⅰ．①学… Ⅱ．①孙… Ⅲ．①几何课—初中—教学参考资料 Ⅳ．①G634.603

中国版本图书馆 CIP 数据核字（2019）第 182361 号

学好数学并不难．几何

孙亮朝 著

出版发行：浙江人民出版社（杭州市体育场路 347 号 邮编 310006）

市场部电话：(0571) 85061682 85176516

责任编辑：王 燕

特约编辑：陈帷宏 孟庆博

营销编辑：陈雯怡 陈芊如

责任校对：杨 帆

责任印务：幸天骄

封面设计：Amber Design 琥珀视觉

电脑制版：济南唐尧文化传播有限公司

印 刷：杭州丰源印刷有限公司

开 本：710 毫米×1000 毫米 1/16 印 张：13.5

字 数：143 千字 插 页：1

版 次：2020 年 5 月第 1 版 印 次：2023 年 9 月第 9 次印刷

书 号：ISBN 978-7-213-09433-0

定 价：48.00 元

自　序

调查显示，很多人讨厌数学．这样的结果并不让人感到意外，因为在传统教育体制的束缚下，数学被教条化甚至被妖魔化了，大家所认识的数学只是课本上的数学、试卷上的数学，是僵化的数学．在我看来，这个世界上应该只有两种人：一种是喜欢数学的，另一种是不知道自己喜欢数学的．因此长久以来，我一直在积蓄一种力量，期望通过自己的努力，把真正的数学呈现在孩子们的面前．

人类天生就有极大的好奇心和求知欲，这驱使我们仰望星空，从日月星辰的运转中捕捉数学的韵律；让我们亲近自然，从四季变换中寻找生命的价值．这是一种欲望，让我们不再满足于眼前的物质利益；这是一种理想，让我们在求真求美的过程中构造起一个全新的精神世界．

数学不是抽象的符号，而是一种真实的存在．数学带来的真实感超越了我们自身，超越了我们所熟悉的一切．这种真实感曾让我一度像毕达哥拉斯一样，认为数是这个世界的本原．然而我还是克制自己，因为我不希望在认识世界之前，妄言对世界的改变．

数学是美的，这是一种超凡脱俗的美，是高冷到不食人间烟火的美，任何一个热爱数学的人都能感受到它．很多人都曾试图描述数学之美：有人通过斐波那契数列的奇妙来描述，有人通过分形图案的精美来描述，有人通过生物百态来描述，也有人通过宇宙的和谐来描述．然而我认为，所有这些都不足以代表数学的美，数学的美是与生俱来的，与它的真实性无关，与它的实用性无关．

一块金子加一块金子可以得到两块金子，一颗沙粒加一颗沙粒可以得到两颗沙粒．然而，数学的价值并不因为计算黄金而变得昂贵，也并不会因为计算沙粒而变得卑贱．荷花上的数学和淤泥中的数学没有不同，宫殿里的数学和沟渠里的数学也无区别．

我一直希望能够用最优美的线条来勾勒数学之美，但数学之美却没有外形；我一直希望用最柔美的乐曲来为数学之美做铺垫，但数学之美没有声音．连接理论与实际，面向历史与未来，从此，数学具有了生命和活力，它不再是枯燥的公式和定理，不再是乏味的函数和方程，它是花瓣上闪耀的露珠，它是蝴蝶舞动的翅膀．它架构起孩子认知世界的舞台，它赋予我们征服世界的力量．我常把数学比作钻石，钻石本身不会发光，它折射出的是太阳的光彩；数学本身也并不完美，它呈现出的是人类的智慧．

目录

CONCENTS

一
致家长：当孩子学数学时，学的是什么

◎ 数学，学的是情商和智商

现在全国每年有 1 500 多万个孩子升入初中，这些孩子分布于全国各地，他们有着各自不同的家庭环境，家长对孩子的关注点也不尽相同．除了关心孩子的身体健康之外，有人关注孩子的综合素质，关注孩子的能力；有人关注孩子的考试成绩，关注孩子的分数；有人更关注孩子的生活，关心孩子的情感，关心孩子是不是每一天都幸福快乐．这些都体现着家长对孩子无微不至的关爱，但无论家长关注什么，都必须重视孩子的数学学习．

首先，如果家长关注孩子的能力，那么家长需要知道，孩子在大部分课程中学的都是知识，只有两门课程直接对应着孩子的能力．第一就是语文，它对应着孩子的沟通表达能力；第二就是数学，它对应着孩子的逻辑推理能力、分析判断能力．无论是在工作中还是在生活中，我们无时无刻不需要作出自己的分析判断，面对同时要做的两件事情我们怎么选择？选择好后，具体目标怎么确定？定好了目标，用什么方式去做？选择哪些伙伴？需要哪些外部资源？……所有的一切都需要分析判断．有人说，不对吧，我们作分析判断的时候，用的都是相关专业的具体知识．不错，我们作出任何一个判断的时候，都需要相关知识的帮助，但是只有具备良好的数学素质、良好的逻辑推理能力，我们才能轻松驾驭这些知识．为什么数学这么重要呢？因为数学不仅仅是知识，更是承载所有其他知识的框架．

其次，如果家长关注的只是孩子的分数．那么家长需要知道，数学是一个系统性的学科，数学知识具有复杂严密的结构，数学学习具有高度的延续性．孩子在学习历史、地理、生物、政治这些学科的时候，如果中间间断了两个月没有学习，几乎不会影响他对后续课程的学习：唐朝的历史没学好，不会阻碍他学习明朝的历史；初中的时候没有学习地理，丝毫不影响他工作以后再学习地理．但是，学习数学时情况却不是这样，如果孩子没有学会多项式的乘法，他不可能学会因式分解，更不可能学会二次方程．因此在初中阶段，一个孩子学习历史、地理、生物、政治等课程的时候，可能长期保持七八十分的水平．但是，没有人在学习数学的时候能够长期保持这样的水平，如果孩子在初一的时候只能考七八十分，那么初二就是五六十分，初三就是三四十分．如果初中的时候，孩子没有好好利用自己的时间，系统地掌握这门课程，恐怕他以后很难有机会完整地学习数学了．

最后，如果家长关注孩子的生活，关心孩子是否快乐，那我要告诉家长，初中数学和我们平时的生活有着非常密切的联系，它是一门非常实用的学科．关于这一点，恐怕大多数家长都很难认同，这些家长认为，我们平常在生活和工作中用到的数学只不过是小学的四则运算，初中的代数、几何好像从来都没有用到过．因为很少用到，所以大部分家长早已把这部分知识忘得差不多了．但也正因如此，我才更需要强调数学的实用性．我的“学好教学并不难”这个系列课程，会涉及大量的工作生活中的实际问题，学了以后你就会发现，原来那些看起来不是数学问题的问题，背后隐藏的都是简单的数学规律．

现在社会上普遍存在这样一种观点，情商比智商更重要，只要孩子的情商高，在社会上到处都会有朋友，遇到任何难题都会有人帮忙，甚至不用自己去做什么，就会有人帮忙解决问题．的确，我们无法否认情商的重要，更不能否认朋友的重要．然而，我们要知道的是：人类最大的无知不在于你不知道什么，而在于你不知道自己不知道什么！这句话说起来有点绕，但蕴含的道理却非常简单，那就是：我们普遍缺乏的是发现问题的能力．在实际生活中，我们在遇到问题的时候，往往会根据常识、习惯作出判断（而有时这样作出的判断是错误的），我们会误以为自己知道问题的答案，误以为自己没有遇到问题．对于一个不知道自己无知的人，就算有再多的朋友，也帮不上什么忙．

从平常的生活常识到顶级的科学难题，最难的都是发现问题！我们先以科学问题为例：人类在月光之下生活几十万年了，我们什么时候问过自己，月亮为什么不掉下来呢？从来没有人这样问过自己，直到牛顿发出这样的疑问（并且很快他就找到了答案）．所以，发现问题要比解决问题难得多．接下来我们再以生活琐事为例：“请问你的手机图标该不该分类？”“你的衣服应该怎么洗？”“你出去玩的时间怎么安排？”“你卖东西价格怎么定呢？”甚至是“孩子挨打了该不该还手呀？”关于这些问题，很多人会不假思考地给出一个答案．但是，我要告诉你，这些都是数学问题，只是你不知道自己不知道而已．情商高，可以帮助一个智商高的孩子取得更大的成就，但情商高不能帮助一个无知的孩子幸福地生活．只有学习数学，才能够让我们发现自己的无知，能够让我们具有发现问题、分析问题、解决问题的能力．

以上，我们一起讨论了数学的重要性，从上面的分析可以知道，无论家长关心的是孩子的能力、分数还是情感，都需要重视孩子的数学学习．因为，人类最大的无知，是不知道自己不知道什么！但是，我同样需要说明的是：我这里强调的数学，不只是书本上的数学，我强调的学好数学，也不只是必须要让我们的孩子拿高分！那么什么是数学，怎么样学好数学？作为家长，又怎么样帮助孩子学数学呢？很简单，就是陪孩子一起学习．

◎ 永远不要直接教孩子做题

前面强调了数学的重要性，于是家长就发愁了：“哎呀，数学很重要，我也知道啊，但是我自己的初中数学都忘光了，辅导不了孩子了呀，是不是应该给孩子报个辅导班，或者请个家教呀？”我告诉你，没必要，原因有两个：第一，我说的数学不仅仅是课本上的数学；第二，数学分数的好坏也不是衡量数学能力的唯一标准．你强迫孩子学习也好，请家教教孩子也好，只能教给孩子知识，教不了孩子能力；只能提高孩子的分数，提高不了孩子的素质！作为家长，我们要做的、我们能做的，其实也只有两点：第一，让孩子主动学习；第二，陪孩子一起学习．

什么？主动学习？想必很多家长听到这里都要气乐了：我的孩子要是能主动学习，我还用操这份闲心吗？我们家孩子即使挨打都不愿学习，怎么可能主动学习呢？但是，我决不是在开玩笑，我必须再次强调：主动学习，既是孩子学会数学的充分条件，又是孩子学会数学的必要条件．说白了，除了主动学习之外，不需要任何其他条件，孩子就能学好数学．其中的道理相信大家都能理解，因为我们从来没见过一个爱学习的孩子学习成绩不好的．那么，我们唯一要面对的问题就是如何引导孩子主动学习．

首先，我要给您一个建议：在孩子步入初中阶段的时候，找个时间，和孩子心平气和地长谈一次，把你所知道的学习的重要性，和孩子一条一条掰开来揉碎了讲述一遍．这次长谈的具体内容并不是最重要的，最重要的是我们对孩子的态度．无论出现什么样的情况，都不能向孩子发脾气，因为在我们大喊大叫的时候，孩子只会感觉到我们的态度粗暴，只会感受到我们对他（她）的厌恶，丝毫感受不到我们对他的关心和爱护．我们要通过这样的长谈，让孩子真切地感受到我们对他（她）的尊重．注意！我提到了“尊重”两个字，不但孩子要尊重我们，我们也要尊重孩子，尊重孩子的自尊，尊重孩子的爱好，尊重孩子的成长规律．在相互尊重的前提下，我们和孩子的谈话在开放、平和中开始，在语重心长中结束．孩子进入初中阶段以后，就要进入青春叛逆期，很快就会长大成人，我们要给孩子一个平等的长谈的机会．这样的长谈，不仅对于孩子的学习是重要的，而且对于孩子处理将来在生活中出现的问题也是必要的．现在的社会比较复杂，无论孩子遇到了学校霸凌事件，还是出现了早恋的问题，都需要通过耐心的沟通交流来解决．俗话说，人心都是肉长的．我相信，有了这样的对话，孩子多多少少都会加深一点对学习重要性的认识，即使不能马上扭转他的学习态度，也会有一个良好的开端．

当然，这样的谈话次数不可能很多，有可能只是一年一次，甚至两三年一次．因此，我相信家长们都能够抽出一两个小时的时间，和孩子好好谈谈学习．但是问题又来了，在我们和孩子谈完话以后，孩子都会激动兴奋一两天，然后慢慢就放松了，俗称三分钟热度．在这种情况下，好多家长就开始不耐烦了，开始大声呵斥孩子："你让我感到失望，前两天刚和你谈过话，让你好好学习，你看看你，才坚持了几天，像你这样没有耐心，没有毅力，一辈子也没出息，我以后再也不管你了，你爱学不学！"这样一呵斥，孩子也会对自己感到失望，很快就会自暴自弃："看来我真不是学习的料儿，那就算了吧．"于是，我们前面的沟通交流工作就完全失效了．因此，接下来，我要说说第二点，陪孩子一起学习．

为什么要陪孩子一起学习？陪孩子一起学习的目的是什么？在我看来，陪孩子一起学习，首先要保持孩子主动学习的劲头，孩子没耐性，做事情只有三分钟热乎劲这是很正常的，因为孩子还小．但是如果家长都没有耐性，那就有问题了．陪孩子一起学习，就是培养孩子的耐心！在电影《羞羞的铁拳》里面，有一个熬鹰的情景，男女主角和老鹰比赛熬夜，谁先眨眼谁就算输了．我们就是要和孩子比耐心，看谁熬得过谁．不过，这可不是让孩子天天学习、天天熬夜．对于数学而言，家长只需要每天陪孩子学习 15 分钟就足够了．为什么呢？因为每天老师在课堂上讲的核心内容都不会超过 10 分钟．

但是，我们要知道，每天陪孩子 15 分钟这个习惯，是必须要坚持的．有的家长会强调自己工作忙没时间，但即便是家里没时间，你送孩子上学的路上总有时间吧？只要去挤，我不相信父母两个人在一天里都挤不出 15 分钟来，就看你想不想去挤了．而且我还要说明的是，不管你的工作有多忙，不管你一天能挣几百万，这 15 分钟花得都是最值得的，因为孩子的将来有希望，会比自己事业的成功带给你更多的成就感．这时候可能又有家长说了，我陪孩子没用啊，我自己的初中数学知识都忘光了，怎么陪他呢？这就是我接下来要讲的重点：永远不要直接教孩子做题．因为能力是教不会的，你教给孩子的，只是知识而已．因此我们每教会孩子一道题，孩子的动手能力就差一点；每教会孩子一道题，孩子的自信心就会少一点．很多家长发现，越是教孩子学习，孩子越笨；越是教孩子，孩子越学不会．如果你把自己当作孩子的拐棍，那孩子还能学会自己走路吗？

陪孩子学习，究竟应该怎么陪呢？我们只需要做到三点就够了：第一，和孩子一起学习．比如，和孩子一起读数学书，在送孩子上学的路上和他一起听数学课程，学完以后和孩子讨论一下．第二，让孩子教你学习，让孩子给你讲讲课堂上的内容或者讲讲书里的内容．孩子讲得对不对不重要，你能不能听得懂也不重要，只要孩子给你讲，他就是在学习、在思考了，他的能力就已经在提升了．第三，让孩子出题，你做！记得在前面我说过，数学分数高，并不能证明孩子数学学得好，那么，怎样算学得好？我告诉你，会出题就算孩子学得好！孩子学完了二元一次方程，你让孩子给你出几道实际生活中遇到的二元一次方程的题目．如果他能很顺利地给出题目来，那就算学好了．为一个现有的题目找到答案，不算本事；从没有问题的地方发现问题，才算真本事．只有真正把课本知识吃透了，练就自己的真本事，孩子才会拥有学以致用的能力．

◎ 知难而喜：培养孩子独立解决问题的能力

目前，由于受到应试教育的影响，孩子的学习压力很大，学习任务非常艰巨．很多初中的孩子平时作业都做不完，常常熬到深夜才能休息．很多孩子连课本上的知识都学不会，常常是一道题卡住了，两三个小时都做不出来．那么在这样的条件下，我们又如何培养孩子独立解决问题的能力呢？这就取决于我们如何看待这个问题了．我要告诉你的是：任何一个初中生，当他遇到一个难题的时候，都需要具备连续两三天来解决它的耐心．为什么会这样呢？

我们首先要明白一点，绝大多数人，一生做好一件事情，就已经非常了不起了，这个道理我们不用多讲．那么，我们的孩子从学校毕业以后，他凭什么能一生坚持做好一件事呢？很简单，当他读博士的时候，学校会给他三四年的时间，让他坚持做一个课题．而他凭什么能在读博士的时候，坚持几年做一个课题呢？因为他在读硕士的时候，需要坚持一年做一个课题！而硕士阶段他能坚持一年，又是因为他在读大学本科的时候，毕业设计是花了三四个月的工夫才做出来的．

发现了没有？要想有 30 年做成一件大事的本事，就要有连续 3 年聚焦一个课题的本事，就要能够经受一年只做一件事和三四个月只做一件事的考验．只要按照这个规律反推一下就会知道：任何一个高中生，都应该具备连续一周突击一道数学题的耐心；而任何一个初中生，则需要具备连续两三天面对一道难题的勇气．如果没有这样的耐心、没有这样的勇气，他凭什么考上大学，凭什么成为博士，又凭什么做出一番成就呢？

在这样大是大非的问题上，孩子没有耐心是可以理解的，但可惜的是，我们作为家长，也没有耐心，看见孩子有一道题不会了，恨不得马上教会他．然而，这样做只会毁了孩子．我们知道，学校的老师拼命给孩子多留作业，是因为老师之间有着激烈的竞争关系．一般来说，谁给孩子留的作业多，谁负责的课程成绩就会好一点，老师得到的奖励也就会高一点．基于同样的原因，那些课外培训机构的老师们也会以填鸭式的教学方法，硬塞给孩子一些速成的解题思路，因为这样做有助于孩子分数的快速提升，自己的培训机构才能多赚钱．这样做不是为了孩子的成长，而是为了自己的利益！正是因为如此，各地教育部门才反复下令给孩子减负．而我们作为家长，应该擦亮自己的眼睛，明白孩子真正需要的是什么！当孩子面对一道数学难题的时候，我们首先要做的是鼓励孩子，让他们拥有独立面对问题的勇气，让他们拥有长期面对难题的耐心，不但要做到知难而进，而且要做到知难而喜！

是的，知难而喜！面对一道很难的数学问题的时候，我们的确应该感到高兴．无论这道题我们能不能做出来，是不是做对了，都应该感到高兴，这里面有三个方面的原因：第一，一道难题可以培养我们的耐心和勇气．第二，一道难题可以让我们把相关的知识都调集到头脑中，反复地梳理这些知识点，最终，即便这道题目没做出来，我们对已有知识的熟练程度也会大大地增强．第三，一旦解出这道题，与之类似的大多数难题往往都迎刃而解．但与此相反的是，如果这道题是别人教会你解的，那么，你可能只会解这一道题，而且记不住，过几天就会忘记．这也是很多家长都忘了初中数学知识的根本原因．不过，我说要连续 3 天面对一个问题，只是极特殊的情况，根据我的常识，绝大多数问题，孩子只要坚持两个小时以上，都能做出来．

知难而喜——我们希望孩子在面对一切难题的时候，都能有这样理性乐观的态度．当然，如果您的孩子基础比较差，您可以先选择一些适合他做的题目来锻炼他的耐心，不要一开始就让他接触太难的问题，这样孩子的信心可以慢慢被培养起来，不至于受到太大的挫折．其实一切数学问题是有一套通用解决办法的，那就是：不断试错，不断修正，笔耕不辍，其解自得．如果换成大白话就是，只要不断地做下去，肯定能做出来！这好像只是一句废话啊，但没办法，这就是世界上所有难题的通用解决办法，无论是数学题还是其他难题，都是如此．历史上，我们就是采用这种办法来解决难题的．

比如圆周率 π. 没有人知道 π 的精确值是多少，也没有人知道 π 的计算公式怎么列，那怎么办？没办法！我们求不出圆的周长，我们就求三角形的周长．三角形的周长和圆的周长不一样，这不要紧，我们发现错了，慢慢改进就行了，这就叫试错．我们把三角形的周长改成六边形的周长，虽然六边形也不对，但是和三角形相比，它更接近圆了，这就叫不断修正．继续修正下去，我们还可以求解十二边形的周长、二十四边形的周长．不断求解下去，我们就可以不断接近 π 的真实值．这个方法就是著名的割圆术，祖冲之就是用这种办法，精确到了圆周率小数点后面 7 位数字．连数学家都用这个办法，可见，这的确是一种通用的解题思路.

现在我们来总结一下，在本章之中，我们一起讨论了三个问题：第一，希望作为家长的您重视孩子数学的学习；第二，希望您陪伴孩子一起学习；第三，希望您培养孩子独立解决问题的能力，让孩子对解题有足够的耐心，能做到知难而喜.

二

奇妙的几何学

◎ 没有数字的数学

我清楚地记得，刚上初中的时候，数学老师一上讲台就和我们说："同学们，从今天开始，我要求大家把自己直尺上的刻度全都磨掉，把你们的三角板和量角器也都收起来，今后我们研究图形只能用一把没有刻度的直尺和圆规．"听老师这么一说，我就傻了，直尺上有刻度不让使用，我还怎么知道一个图形的长度，又怎么计算面积呢？哎，这就是我们要研究的新学问，它是一种没有数字的数学，名叫几何．① 什么叫几何呢？几何就是多少的意思. 多少呀？我不知道，你也不需要知道，我们要在不知道具体数

---

① 编者注：如无特别说明，本书中的几何指欧氏几何．"它是一种没有数字的数学"这句话严格的说法是，几何是一种不依赖数字的数学．

值的情况下把图形的学问研究明白.

可是如果我们连个准数都没有，这不是在瞎研究吗！是吗，你确定没有数字就研究不明白吗？你有没有听说过郑人买履的故事呢？

> 春秋时期，有一个郑国人，到集市上去给自己买鞋，卖鞋的老板问他："你买多大号的鞋呀？"他从来没买过鞋，也不知道自己的鞋号，于是就回家去拿了一把尺子过来，用这个尺子，先量了自己的脚，又量了卖的鞋，然后才掏钱买.这个卖鞋的老板被逗乐了："你给自己买鞋，还拿什么尺子呀？简直是有毛病！"

事实证明，没有准数的时候，也是能干活儿的.

想明白了这个道理，我们回到课堂上来：当老师没收了我们的刻度尺以后，就在黑板左边画了一条线，然后就把我叫到了讲台上，他说："你能不能在黑板的右边，用这个直尺和圆规画一条长度一模一样的线段呢？"我当时就傻了，我想，我得量一下这条线有多长呀，不知道多长，我怎么能画出一样长的呢？不过我还是挺机灵的，我把这个尺子抓在手里以后，先把尺子的一端和线的左端对齐了，然后再顺着线段的方向把直尺摆好，最后沿着线段的末端，用粉笔在尺子上做了个记号.这样一来，我就在直尺上标记出一个刻度，于是这条线段的长度就和我画的刻度一样了，这样我就把那条线画出来了.

可是老师又说了，尺子上不能有刻度，自己画的刻度也不行！于是我没办法了，只能叉开自己的手指，用这个大拇指和食指当尺子，保持住这个姿势不动，挪到另一边去，按手指叉开的长度画了一条线段．但是老师又说了：“不许用手！因为你的手指头是活动的，即使你感觉不到自己的运动，运动变化也是存在的，所以这种方式也是不允许的．”

听到这里，我突然发现，为什么要用自己的手指呢，这个圆规的两条腿，不就是天然的两根手指吗？而且把圆规叉开到指定的宽度，它就静止不动了．于是我把圆规的两条腿叉开，挪到线段上比一比，确定圆规叉开的长度和线段长度一样了，再按照这个长度画线，结果就出来了．做完以后，我终于看到了老师满意的笑容．

老师是满意了，可我还不满意，于是就反问他：“老师，我们明明可以用尺子直接量一下，你为什么非得让我用圆规呀？”老师说：“你用尺子量了长度，再用这个长度去画线，就好比那个买鞋的郑国人，用尺子量了脚再量鞋，你的脚就在你身上，为什么不能直接用脚量鞋呢？同样，我的线段就在这里，为什么非要把它变成数字呢？”直到这时，我才恍然大悟，原来我们一直引以为豪地在几何中使用数字，却闹了郑人买履的“笑话”．

研究几何图形的时候就是这样，虽然我们不一定知道每个图形的具体长度、宽度和角度，但是我们却可以清晰地知道这些数值之间的相互关系．几何学要求我们通过直尺和圆规去认识世界，通过这两种工具，我们可以更接近事物的本原，更了解事物的真相．几何学的本原就是丈量土地的学问．它发源于 5 000 年前的古埃及，那时候人类已经掌握了耕种技术，开启了农业文明，但尼罗河水经常泛滥成灾，一旦冲毁土地，人们就必须重新丈量土地，于是在这个过程当中，古埃及人就积累了大量的几何学知识．

公元前7世纪，古希腊数学家泰勒斯，把古埃及的几何知识带回了古希腊，同时，他开始思考这些几何知识之间的关系，并对部分的定理给出了严格的证明，几何知识在古希腊开始孕育发展．之后毕达哥拉斯、柏拉图都对几何学做了突出的贡献，到了公元前300年左右，欧几里得把当时所有的几何学知识融会贯通，收集整理出一部近代数学的奠基之作——《几何原本》．

在《几何原本》中，欧几里得首先明确了点、线、面、角等一系列基本图形的定义，然后从几条人所共知的、不证自明的公理出发，通过严格的逻辑推理，将零散的、不连贯的几何知识组织起来，告诉我们平面和立体图形的性质和判定方法，以及通过尺规进行平面作图的方法．通过5条公理、5条公设、119个定义、465个命题，构建起了一座宏伟的数学大厦．《几何原本》问世以后，通过各种语言出版超过1 000个版本．目前，除了《圣经》之外，世界上还没有任何一种著作拥有如此多的读者．1607年，徐光启和意大利传教士利玛窦把这部著作的前6卷译成了中文，并且定名为《几何原本》．

◎ 一根细线量土地

在实际生活中，无论是古人丈量土地，还是现代人进行工程施工，他们所用的工具其实都只是一根细线．他们把线的两头一抻，拉直了就可以当直尺用，如果按住一头不动，另一头抻紧了围着那个固定点转一圈，就可以画出来一个圆了．也就是说，我们在白纸上的尺规作图，对古人而言，不过是一根再平凡不过的细线而已．同时我们还需要知道，细线出现得比直尺和圆规要早得多，不是古人用细线来模拟直尺和圆规，而是我们在纸上通过直尺和圆规替代了古人所用的细线．为什么要这么做呢？因为我们用细线在纸上画图不方便．明白了这个道理，我想你就应该清楚为什么老师不让我用带刻度的尺子．那是因为这细线上本来就没有刻度．

那么，用细线来平分土地有什么好处呢？它的好处可就多了：第一，一根细线是随处可见的，它的制造成本要比一根带刻度的皮尺便宜得多；第二，用一根细线可以在根本不知道土地面积具体是多少的情况下把它给平分了．这两点就意味着生活在古埃及的人，可以在没有统一度量衡的条件下，开启自己的农业文明．什么叫度量衡呢？度量衡就是长度、体积和重量的统一标准．要想有统一的度量衡，就必须要人为地明确规定，多长叫一尺，多重叫一斤，多少粮食叫一升或一斗．在中国，统一度量衡这件事情是直到秦代才实现的，这也是秦始皇的伟大功绩之一．可是你要知道，如果我们到秦始皇那个年代才学会种地，那可就麻烦了，我们必须在没有统一标准的条件下，就学会平分东西．我们必须懂得，在没有数字的条件下，如何利用图形去认识世界、改造世界！

要想彻底地掌握一门学问，最有效的办法就是研究这门学问的历史，而研究人类历史，最简单的办法就是研究牙牙学语的婴儿的行为习惯．因为婴儿什么都不懂，通过婴儿的行为习惯，我们可以了解人类早期的一些行为．

刚学会说话的孩子一般都有一个习惯，就是喜欢说叠字，比如吃饭，会说“饭饭”，上厕所会说“便便”，因为孩子发音还不全，这么说话我们都能理解，也没人笑话这些孩子．可是如果成年人也这么说话，那就有问题了．无论是大人还是孩子，有两个词，我们却一直都保持了这个习惯，那就是“数数”和“画画”．“数数”第一个字是动词，我们要数，第二个字是名词，我们要数的对象是数字．“画画”也是这样，第一个“画”表示动作，第二个“画”表示对象和结果．为什么要研究这两个词汇呢？因为，这至少说明了三个问题：

第一，数数和画画出现的时间非常非常早．我们之所以用叠字来表示这两件事，说明在那个时候，我们还没有发明大量的词语，所以古人只能像小孩子一样，用叠字来表示它，这甚至比发明文字还要早．你发现没有，我们管写字不叫写写，也不叫字字，我们管说话，不叫说说，也不叫话话．

第二，数数和画画出现的频率非常非常高．因为我们经常会用到，所以即使后来发明了新的字词，我们也不会把它替换掉．比如，我们已经发明“计”“算”这两个字了，数数这个动作完全可以说成“计数”或者“算数”，但是我们平常就是不那么说．我们发明了“绘”“图”这两个字，但是我们平时也不说“绘画”和“画图”．因为我们对这两个词的使用频率很高，怎样最方便我们就怎样叫．这时候，懂外语的朋友可能会说了，人家拉丁文、希伯来文可不一定是那么说的呀！这倒没错，但你要知道，虽然我们中国的文字很多，可是要论表达的简练和深刻，还没有哪种文字能和中文相比．

第三，通过上面的分析说明，数数和画画非常重要，它是人类文明的基础．关于人类为什么要数数我们已经说过了，这里不再重复，那么人类又为什么要画画呢？

因为画画代表了人类的抽象能力．大家都知道，我们生活的这个世界本来是立体的，但是我们画出来的图画却是平面的，实际人物和物体都是丰富多彩的，而在画里我们却通过线条把它们变成了寥寥几笔．别看只有寥寥几笔，这简单的几笔却勾画出了人或物的最关键的特征，所以才能让观看的人一目了然．因此，想要把一幅画画好，必须有高度的抽象概括能力，必须有抓住事物本质特征的能力．

不管世界有多大，不管年代多么久远，我们只要大笔一挥，这个世界就会呈现在众人的面前．图画让我们渺小的身躯，可以通达大千世界；图画让我们短暂的生命，能够感受古往今来．随着历史的发展，部分图画经过进一步的抽象和简化就变成了文字、变成了数字、变成了图形，人类文明也就蓬勃发展起来了．

◎ 学习数学就是构建逻辑思维体系

在前面的内容中，我们提到：埃及的尼罗河经常发水，需要丈量土地，因此而产生了几何学，那么为什么古代的中国和印度就没有发展出几何学呢？难道黄河和印度不会发水吗？实际上，只要是大江大河，肯定……如果你翻开我国古代的《九章算术》，就会发现这本书的第一章就是专门研究平分土地的，各种形状的土地的面积的计算方法都有记载，只不过它用的是算术方法而已．那么在平分土地这个问题上，《九章算术》和《几何原本》有什么本质区别呢？

一提到数学，很多人都会认为，数学就是用来算账的工具，数学书就好比词典，遇到一个问题的时候，只要到数学书上去查一个公式，然后照葫芦画瓢就把这个问题解决了．其实，在我国古代，数学典籍就像字典一样．《九章算术》，就把所有数学知识都按照数学的实际用途分门别类地编好了，分地就看第一章，卖粮食看第二章，收税就看第六章．但是，如果打开《几何原本》，立刻就傻眼了，这本书哪是教我分土地的呀？它的目录里面只写着命题1、命题2、命题3，它的内容就是在这些定理之间绕来绕去地相互证明，根本看不出有任何实际的用途．

那么欧几里得这是在做什么呢？他要做的是，不仅要让我们知其然，还要让我们知其所以然．古希腊人有着很强的思辨能力，从《几何原本》中可以看到：欧几里得从几条基本假设开始，经过了严格的逻辑推理证明，建立起了一个由几百条定理、推论组成的知识体系．从此，那些只靠经验和直觉判断的旧数学，转变为清晰明确、有条不紊、逻辑严谨的新数学．那么，什么叫逻辑呢？我们又怎样进行推理呢？一个数学定理，又为什么需要证明呢？接下来，我们就一起来讨论这些问题．

所谓逻辑，就是我们人类认识世界的思维方式，逻辑推理主要有三种方法：归纳、演绎和类比．所谓归纳就是通过特殊事物得到一般规律．比如，我们看了很多天鹅都是白色的，于是就归纳出来，天鹅的颜色都是白的．所谓演绎就是根据一般规律认知特殊的事物．比如，猫是会捉老鼠的，因为汤姆是一只猫，所以它也会捉老鼠．所谓类比就是拿相似的事物打比方．中国的古人最擅长的就是类比证明．像我们平时所说的天人合一的道理就是类比：天行健，君子就应该自强；天无言，君子就应该少说话多做事．①应该说，目前人类的所有知识，都是通过归纳、演绎和类比的方法得

---

① 编者注：前半句源自“天行健，君子以自强不息；地势坤，君子以厚德载物”，后半句源自“天无言而四时生，地无语而万物生”．

到的．但是，我们同样应该知道的是，无论是哪一种思维方式，它本身都有一定的局限性，其中最不靠谱的就是类比的方法．将两个原本就不相同的事物，强行捆绑在一起来解释是不具备说服力的．那么归纳法又有什么问题呢？它的问题在于以偏概全，我们看见几千只天鹅是白色的就能证明所有的天鹅都是白的吗？万一有你没见过的黑天鹅呢？最后我们再看演绎法，演绎推理看似严谨，但是它的问题在于，必须要保证前提是对的．如果前提错了，后边的推论也就全都错了．

那么，既然这三种方法都有问题，我们还能否认识世界呢？认真分析一下，我们就会发现，在这三种方法之中只有演绎法是相对靠谱的，只要想尽一切办法，保障它的前提正确，那么后面的结论肯定就是正确的．因此，我们需要找出那些比较容易理解的、大家都普遍接受的道理，从这些基本的道理出发，按照一套标准的逻辑体系，再去推演出其他不太常见的、不太容易被理解的道理．那些简单易懂的、大家都普遍认可的道理被称作公理，它们本身是无须证明的；而那些通过逻辑推理被公理证明了的道理，我们把它们叫作定理，一个定理一旦被证明了，就可以继续以它为基础再去证明其他道理，于是一个由公理和定理相互交织、相互佐证的知识体系就这样被一砖一瓦地搭建起来了．无论是欧几里得的《几何原本》，还是牛顿的《自然哲学的数学原理》，都是采用这种结构．

数学知识的学习有四层境界，其中第一层是对知识进行分门别类，第二层是在所有的知识之间建立关联．所谓的公理知识体系，说的就是这个意思．虽然《九章算术》和《几何原本》中分别记载了几百个问题，但是《九章算术》里边的问题只有分类，没有相互关联，而《几何原本》中的知识却是浑然一体的．书中400多个定理，全部源于5个公理和5个公设推导的结果．除此之外，书中还涉及100多个定义．

什么叫定义呢？所谓定义就是声明一下点、线、面、圆、角、平行、垂直这些概念的具体含义．比如，我们对圆的定义是：到圆心的距离等于半径的所有点的集合．了解了圆的定义，我们就可以在现实世界中去寻找符合这个定义的那些形状，比如太阳、月亮、盘子、车轮．而后就可以按照圆的性质，去计算这些物体的周长和面积．但是我们也需要知道，从严格意义上讲，几何学上定义的点、直线、圆这些图形都是高度抽象、高度理想的，在现实生活中，既找不到绝对完美的直线，也找不到绝对完美的圆．但是，如果忽略一些细节，我们还是可以近似地将一些图形当作标准的图形来处理的．

同时，定义本身也说明了图形的一些性质，比如根据圆的定义我们可以知道，同一个圆所有半径的长度都是相等的．这个判断就既不属于公理也不属于定理，它只是定义规定的一个内部特性，这就像女人的性别都是女的一样，同样是无须证明的．定义、定理、公理、公设所有这些内容统称为命题．那什么叫命题呢？命题就是判断一件事情的句子．定义这种命题教给我们判断一个图形是什么形状，帮助我们判断在一定条件下两个图形之间的相互关系．所有这些命题通过严密的逻辑推理组织在一起，就构成了几何学的整体知识架构．

三

世界就是点、线、面

◎ 点、线、面到底是什么

子路问孔子，如果卫国的国王让您去执政，您要做的第一件事是什么呢？孔子说，必也正名乎！他的意思就是，他一定要先给很多词语下个准确的定义，做个详细的解释．子路一听就笑了，他在笑孔子的迂腐，他说："放着那么多正经事您不做，为什么要先下定义呢？"孔子郑重地说："名不正则言不顺，言不顺则事不成．"这就是说，如果一件事情没有明确的定义，一个官职没有明确的职责，我就没有办法通过语言下达明确的指令，事情自然就没办法做成了．做事是这样，做学问更是这样．很多人都感觉给词语下个定义应该是很简单的事情，在这个世界上，对就是对，错就是错，好就是好，坏就是坏，好像把一个东西解释清楚非常容易．你要是这么想，就大错特错了．

在古希腊有个与孔子同时代的哲学家叫苏格拉底，苏格拉底有一句名言：我唯一知道的是自己一无所知．因为在苏格拉底看来，这个世界上没有任何一个词是可以真正解释清楚的，那些自我感觉什么都懂的人，实际上都只是逻辑不清的自大狂而已．有一次，苏格拉底和一个年轻人讨论什么叫道德．这个年轻人说："诚实就是道德．"于是苏格拉底反问他："那如果我在战场上欺骗了敌人，这算是不道德的吗？"年轻人答道："欺骗敌人是道德，欺骗自己人不是．"苏格拉底问道："那如果我通过谎话鼓舞士气，赢得了胜利，那算道德吗？"年轻人又答："战争是特殊的场合，行骗是不得已的行为，但是我们在日常生活中不能行骗．"苏格拉底接着问："如果我的父亲病得很重，可是我和他说，你的病不是很严重，好好休息，很快就好了，这算不道德吗？"年轻人说："这当然算道德了．"这时候苏格拉底就说："既然骗人也算道德，不骗人也算道德，那么到底什么是道德呢？"结果这个年轻人只好承认，过去我知道什么是道德，但现在我糊涂了．其实，不仅是"道德"这个词，只要你具有苏格拉底一样的探究精神，具有打破砂锅问到底的精神，不断追问下去，你就会发现，绝大多数词语的具体含义都是模糊不清的．

在我国百家争鸣的春秋时期，有一个哲学流派叫作名家．名家的创始人叫惠施，在他看来，正是很多词语的含义模糊不清，才导致了人与人之间的矛盾冲突，大家表面上说着相同的话，但却各自具有不同的理解，这种名不符实的结果就导致了天下大乱．而要想解决这个问题，就只能彻底弄清名实之间的辩证关系，弄清每一种事物的概念和定义．可见，弄清定义是多么重要！因此，

《几何原本》一开篇就对点、线、面这种基本的元素做出了定义和说明．

那么，什么是点呢？欧几里得告诉我们：点就是不可分割的最小元素．什么是直线呢？无数个点沿着相反的两个方向不断延伸，无限累积起来就是直线．那什么又是面呢？由直线自身均匀分布的只有长度、宽度而没有厚度的形状就是面．看样子，好像面是由线组成的，线又是由点组成的，那么，这是不是意味着所有的图形都是由点组成的呢？没错，要不然欧几里得怎么说点是不可分割的最小元素呢！但是，为什么如此复杂的大千世界，却是由一些微不足道的小点组成的呢？要了解这一点，我们就必须到现场看一看，画家是怎么画画的．

我们发现，只要一个画家有了高超的绘画技巧，无论他眼前的世界多么复杂，他都可以通过一支笔、一张纸把它呈现出来．我们知道，当一支笔落在纸面上的时候，就能落下一个点；而当这支笔在纸面上移动，它就可以画出一条线；当多条线在纸面上相互衔接，就可以组成一个面；而这些面之间再相互组合起来，我们面前的立体世界就一点一点地呈现出来了．这个过程说明什么呢？它恰好证明了，我们的世界本来就是由最基本的点组成的．如果不是这个原因，画家凭什么能够通过一支笔和一张纸就把眼前的世界描绘出来了呢？

其实，我们可以感受到，点、线、面、体这些元素并非完全独立．虽然我们手中只有一支笔，但是仍然可以绘制出一切，这又是为什么呢？这是因为，线是由点的运动产生的，而面是由线的组合产生的，同样把面累积起来就得到了体．如果不是这样的话，那我们就不能只用一支笔来绘画了．我们必须用专用的描点笔画点，勾线笔画线，再用刷子或者印章来绘制平面，而绘制立体就只能用刻刀了．事实证明没有这个必要，只需要一支普通的笔就可以做到这一切．

而且我们还知道，不仅一张画的基本元素是点，手机和电脑的屏幕也都是由许许多多发光点组成的，这些点发出不同颜色不同亮度的光，它们相互组合起来，就形成了丰富多彩的图像和视频．不仅如此，学了物理和化学知识后我们还了解到，世界上所有的物质，不管是一颗恒星还是一粒灰尘，不管是空气还是石头，本来都是由一些极小的点组成的，这些微小的点我们称为原子，原子理论是古希腊的德谟克利特提出的，但是这一观点却是近代才通过科学手段加以证实的．欧几里得信奉德谟克利特的原子论，所以他才能够从复杂的世界中抽象出点的概念，这就是几何学中点的概念的源头．

◎ 点、线、面里的生活哲学

直线是点沿着两个相反的方向无限延长的结果，因此直线本身是没有长度的，或者说直线的长度是无限的．但是如果我们在直线上卡住两点，那么，由于这两点的位置固定了，所以它们之间的距离也就固定了下来，于是我们就把卡在两点之间的这段线叫作线段，而把线段的首、尾两个点，叫作线段的端点．而端点之外的两部分呢？其中每部分仍然是沿着原来直线的方向无限延长的，这种只有一个端点的线，很像光线发射出去的轨迹，所以被叫作射线．可见，点既是组成线的基本元素，又是线的端点和边界．同时，我们还知道，当两条直线相交的时候，会形成一个交点，而且只有这一个交点．那么，现在问题来了，请问几何图形是不是只能描绘一个静态的世界呢？如果我们想要描绘动态的世界，描绘人类的活动，几何知识是不是就帮不上忙了呢？

仔细想想，的确是这个道理：我们要教孩子孝敬父母，就得用语言表达；我们要教别人炒菜做饭，就得拍个视频演示．点、线、面还真干不了这样的活儿．嘿嘿，如果你要这么想，那就大错特错了．点、线、面能做的最重要的事还真不是通过画图，而是通过描绘运动变化，指导人们改变世界！为什么呢？因为几何图形中，隐含世界运动的法则，隐含着做人做事的道理．有人可能会问，做人做事和几何图形有什么关系呢？接下来我们就一起来分析一下．

请问，我们在做事的时候是不是应该按照道理办呢？那道理中的“道”字又是什么含义呢？“道”难道不是一条线吗？同样，我们做人做事，是不是也应该符合规矩？那么这规矩又是什么呢？规矩就是圆规和直尺，也是绘制几何图形的常用工具．所以我们才说，没有规矩不成方圆．既然做人做事的道理就是一条线，规矩就是几何图形，那么具体的一件事又是什么呢？世界上发生的任何一件事，是不是只能发生在一个时间、一个地点呢？照这样看来，它就只能是线上的一个点了！

很好，我们继续往下分析：请问一条线上有几个点？根据几何知识我们知道，一条线上会有无数多个点．没错，但是既然一条线上有很多个点，那么如果我们只遵循一个道理的话，能决定一件事具体该怎么做吗？别急，让我们把思路重新整理一下：一个道理就是一条线，一件事就是一个点，一条线上又有无数个点，那就说明按照一个道理，一件事不可能只有一种做法！以孝敬父母这件事为例：你给父母买点东西叫孝敬父母，我帮父母干点活叫孝敬父母，他陪父母多聊聊天也叫孝敬父母．同样，如果把这个道理反过来，能不能说，只要你给父母买东西，就证明你孝顺父母呢？或者只要你不陪父母聊天就证明你不孝顺呢？当然不能了！为什么？因为孝顺父母的方式有很多，你怎么能只看见人家不聊天就说人家不孝顺呢？

那么，既然道理决定不了一件事怎么做，我们是不是就可以不按道理做事了呢？也不对！虽然一条线上有无数个点，但是这并不表示我们可以为所欲为，因为还有好多的点不在这条线上．同样，虽然一个道理不能明确告诉我们该做什么，但它却可以告诉我们什么是不能做的．比如，一个孝敬父母的人是不能虐待老人的，因此某个人只要虐待老人，就足以证明他是不孝顺的人．因为虐待父母这件事不在孝道允许的范围之内，或者说，这个点就不在孝顺的这条线上．

那么，当我们真的要决定做一件事的时候，又该怎么判断呢？根据几何知识“两条直线相交只有一个交点”的原理，我们可以知道：虽然一个道理决定不了某件事具体怎么做，但是如果有多个道理存在，我们就可以做出决定了．比如，冬天到了，你要孝敬父母，可以给父母买件羽绒服，这就是由两个道理、两个条件共同决定的．这就是说，虽然一个道理不能决定一件事怎么做，但是我们在遇到实际问题的时候，总会遇到两个道理、三个道理并存的情况，因此我们就可以做出决定了．

同样，两点确定一条直线的道理告诉我们：当我们判断一个人的时候，不要过早地下结论，我们既不能因为一个人做错了一件事就彻底否定他，也不能因为一个人做了一件好事就全面肯定他，只有经过多次观察，才能全面了解一个人的品性．但是社会上的很多人，就是不懂得这个道理，他们会死抱着一个道理不放，比如，买了日本品牌的车就是不爱国；你不送我礼物就是对我不好．他们看不见这个世界上还有其他的道理，不懂得要多个道理才能决定一件事具体该怎么做．我们把这种行为叫作一竿子打翻一船人！这一根竿子不就是一根线吗？你手里拿着一根线一划拉，不就形成了一个面吗？所以我们才说这种人说话办事不动脑子，你这一句话说出来，打击面太大了．瞧见没有，这里的打击面，是不是就是那一竿子瞎划拉出来的呢？

以上，就是点、线、面教给我们的做人、做事的道理．不过必须要说明的是，我们今天的这些结论，同样只是借助类比的方法分析了人类的社会活动，应该说这并不是一套严格的证明过程，所以不能生搬硬套地使用．难道这几何知识只能通过类比的方法来指导人类社会吗？当然不是，现代的经济学就可以把人类活动变成一些经济指标，再通过数学解析，把它变成几何图形．关于这部分内容要到解析几何的部分才能讲述，这里只做一个大概的类比．在实际生活中，还必须结合实际情况，具体问题具体分析．

◎ 几何学的5条公理

在我整理的所有初中数学的课程当中，几何学的知识架构是我认为最难讲的．为什么呢？因为几何学的知识是浑然一体的，要对这门学问做出绝对科学严谨而又完美的分类，几乎是不可能的．

这并不是说几何知识不能分类，而是它的分类方法实在是太多了，具体的分类方式至少有十几种，而且还没有哪一种方案是绝对完美的．

以一个最简单的问题为例：把平行四边形、长方形、正方形、菱形这四个几何图形做个分类．可以按直角分类，把长方形和正方形分一组；还可以按照等边分类，把正方形和菱形分一组．尽管我们可以按照现行教科书的分类方法，把长方形和菱形都归属到平行四边形中，但这样一来我们就发现，无论把正方形归属到长方形那边还是归属到菱形这边都不是太合适．别急，我的分类方法还没完呢？我可以认为一切图形都是由正方形变化得到的：长方形是正方形水平拉长以后的结果；菱形是正方形倾斜扭转以后的结果；平行四边形呢，又是长方形倾斜后的结果．虽然分类方法如此众多，但是却没有任何一种分类方法是完美无缺的．这才仅仅 4 个图形就让人如此晕头转向，《几何原本》中有 400 多个定理呢！谁能告诉我，应该怎么分类才最合适？没办法，因为几何学原本就是一个整体，而分类就意味着要把很多知识割裂开来看待．

那么，欧几里得的《几何原本》是按照什么方式叙述的呢？它基本上是按照这些命题之间的依赖关系叙述的，先讲简单的命题，再讲复杂的命题，同时兼顾一下不同的形状．中学教科书中则完全是按照几何图形分类的：先讲平行线，而后是三角形、四边形、圆形．这样的分类方法是严谨的、循序渐进的，这种方式不但符合做学问的需要，也适应教学和考试的要求．但它的缺点也很明显，那就是枯燥乏味．我深知，没有多少人有耐心能够从头到尾地把《几何原本》读完．那么，与之相对的另一个思路，就是完全实用化的思路，我可以分别讲看图和作图，分别讲求长度、求面积、求体积的方法，然后再讲一些日常生活和工作的例子．但是，如果这样讲述，我就把一本《几何原本》，硬生生地讲成了《九章算术》．如此，不但几何学中的美感荡然无存，而且也丝毫不能提升学生的逻辑推理能力．怎么样把学术性和实用性结合起来，怎么样使课程编排兼具知识性和趣味性，怎么样让孩子爱上数学，这才是我的最终目的．我绞尽脑汁地思来想去，最终决定：不做严格的分类！这也算无招胜有招吧．我的具体思路是这样的：

我要从《几何原本》的几个公理和公设出发，从人类最早使用几何学的起点出发，沿着历史一路走来，一边解决具体问题，一边把这些几何定理重新发现一遍，再在中间穿插一些解题思路，最后再讲一些现代生活中的具体应用．应该说，这个思路是没有什么章法可言的，但是我认为这样讲是合适的，因为代数知识就像一座庄严的宫殿，欣赏代数的美就得站得高高的，从上至下宏观地看待；几何知识就像一座瑰丽奇妙的苏州园林，只要能够身临其境，无论从哪个角度看，我们都能发现它独特的美．而如果看几何知识像欣赏代数一样，只是站在高高的位置上看一张平面图，就感受不到几何应有的美感和趣味了．因此，在后续的几何学课程中，我会徐徐展开人类历史的画卷，像讲故事一样把几何的定理的始末缘由娓娓道来．那么，现在就让我们回到5 000年前的古埃及，面对刚刚被尼罗河水冲刷得一干二净的广袤原野，我们拿着手中的绳子，准备重新把土地分给大家．

当面对一望无际的原野时，我们首先应该想到的，不是欧几里得的几条定义和公理，而是一个更基础的问题，什么叫面积？欧几里得没有给出面积的定义，我们得自己找！我们知道，平分土地的目的是耕种，那么简单地说，所谓面积相等，就是说两块土地里能够种下的粮食一样多．因为种粮食的时候，种子都是按照行列的方式播种的，所以，我们就可以按照植株的行列数的乘积来衡量一块土地的大小．因为土地是一个平面，又因为它需要长、宽的乘积来计算大小，所以我们就把长、宽的乘积叫作土地的面积．那么，如何判断土地面积是否相等呢？最直接的办法就是种好庄稼看一看，如果种的植株一样多，那就是一样的．可惜这样的办法行不通，因为我们不能在分土地之前种庄稼，而且植株的距离可能会稍微有点差别，以它为基准是不精确的．

那么，如何判断面积是否相等呢？最简单的方法就是：如果两块土地的形状大小完全一样，我们就可以认为它们的面积是相等的．但什么叫完全一样呢？如果我们能够把一块土地搬起来，挪到另一块土地上，两块土地能够严丝合缝地相互重叠，那我们就认为这两块土地的大小是完全相等的．没错，相互重合的两个图形全等，这就是第一条最基本最重要的公理．可问题在于，土地是搬不动的，那怎么办？很简单，我们可以把一块巨大的牛皮蒙在这块土地上，把它裁剪成这块土地的形状，按照牛皮的大小形状重新划出一块土地，那么这两块土地的形状肯定也是一样的．不错，这就是第二条公理：与同一个物体（这里是牛皮）相等的两个物体彼此也相等，在代数里我们曾经学过等式的传递性，它在几何学里就是第二公理．可是，土地太大了，一张牛皮蒙不下，怎么办？用几张牛皮合起来也是一样的，这就是第三条公理：整体等于部分之和．那么，如果几张牛皮也不能把整块土地盖住，我们可不可以用这几张牛皮覆盖两次呢？第一次都覆盖住一部分土地，然后，挪到另一个地方再根据牛皮的样式划出同样的一块土地；而后再来一次，把土地的另一部分也这样挪动过来，听起来也是可以的，因为两次规划的土地分别等于原来的土地的一部分，所以它们的和应该也是相等的．等量加等量和相等，等量减等量差也相等，这又是两条独立的公理．于是，欧几里得的5条公理，[①] 全部都在这里了：

（1）相互覆盖的图形是全等的；

（2）与同一事物相等的两个事物彼此也相等；

（3）整体等于部分之和；

（4）等量加等量，和相等；

（5）等量减等量，差相等．

其实，看了这5条公理，我倒觉得欧几里得挺笨的，他只算了等量的加减，没有关心等量的乘除，而且他应该把这几条公理合并成一条，那就是：任何等量经过相同的变化以后结果仍然相等．这句话看起来很眼熟，这又是什么呢？它就是我们学过的等式的协变性！不错，这就是《几何原本》的5条基本公理告诉我们的一切．简单来说，它告诉了我们什么是相等，以及等式的传递性和协变性．

当古埃及人拿着牛皮在地面上忙得不亦乐乎的时候，忽然有一个智者哈哈大笑了起来："你们可真笨，为什么非要用整张牛皮覆盖住这些土地呢？"那么，关于平分土地，他又有哪些更好的办法呢？

---

① 编者注：欧几里得在《几何原本》中得出的5条公理原文如下：

（1）等于同量的量彼此相等；

（2）等量加等量，其和仍相等；

（3）等量减等量，其差仍相等；

（4）彼此能够重合的物体是全等的；

（5）整体大于部分．

为了便于理解，作者在本书中对顺序进行了调整，并对内容进行微调，书中第（3）条"整体等于部分之和"为原文第（5）条的延伸．

四

初窥几何证明

◎ 解决直角的牛皮：角度和垂直

古埃及人开始用牛皮覆盖住地面的方式来平分土地，可是有一位智者发出了不同的声音：我们为什么非要用整张牛皮把地面盖住呢？要想让土地的面积相等，只需要长、宽分别相等就行了．我们完全可以把牛皮搓成牛皮绳，直接用4根牛皮绳围着土地的边缘转一圈，把4条边的长度都用绳子记录下来，不就可以了吗？大家一想：好像也对，于是很快就都学会了这种新办法，这样一来就省得折腾那么多张牛皮了，分地的效率也大大提高了！事实上也没有那么多块牛皮可以用，现在我可以告诉你，用整张牛皮蒙住地面的办法压根就没有发生过．这只是为了讲清楚欧几里得的5条公理虚构出来的故事而已．但是，我们刚才提到的用绳子分别测量边长的办法，可是一直在古埃及流行了好多好多年的．尽管这种办法是错误的！

它的问题在于：只用绳子量取了土地的四边长度，并不能保证土地的形状是完全一样的，如果这块土地不是长方形的，换句话说，如果长边、宽边不是完全垂直的，那么用这种办法得到的图形，它就不是完全相等的．我们在小学的时候学过，长方形的面积等于长乘宽，但是平行四边形的面积，可不等于长乘宽，而是等于长乘高．可是古代埃及人，他们并不懂得这个道理．同时我要说明的是，如果平行四边形只是倾斜了一点点，它的面积和长方形的面积差得并不多．比如，当平行四边形的一个角度是 80 度时，看上去倾斜度就很大了，但是它的面积和斜边为宽度的长方形差距却不到 2%．这一点微弱的差别很容易被忽略，所以在相当长的时间内，古埃及人没有发现这种方式存在的问题．然而，历史在发展，人类在进步，随着测量精度的不断提高，他们就慢慢感觉出来了，虽然长宽一样，但是这个倾斜着的土地它好像就是不如长方形的地种出来的粮食多．于是，大家都不愿意要平行四边形的土地了，大家都希望能把土地分割得方方正正的．可问题是，要想把土地分割成长方形，我们就得保证土地的 4 个角都是直角．那么新的问题来了，我们用牛皮和绳子，怎么样才能做出完美的直角呢？

这时，又有一个人发明了一个好办法：首先他把一张牛皮上下对折一下，于是就会在牛皮上折出一条直线的折痕来，然后他再把这张牛皮左右对折一下，对折的时候把原来折的那条水平线对齐了，这样就又折出一条新的折痕来．（如图 4 – 1）经常玩折纸的人，应该很容易理解我的意思，其实就是通过两条折痕，在白纸上折出一个十字来．现在就好办了，这个十字中的任何一个角

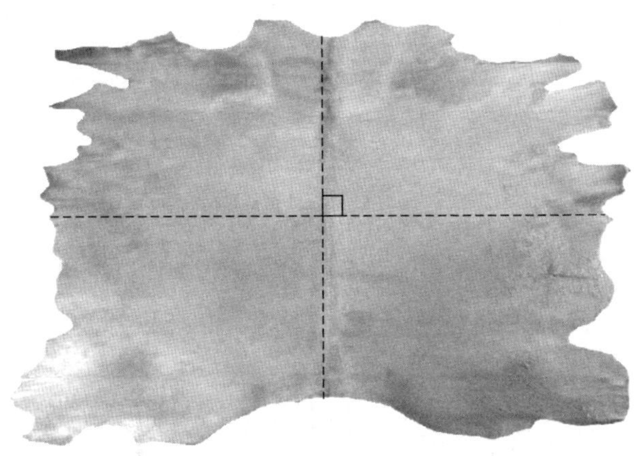

图 4 - 1

都是直角了．这种操作本身很简单，大家很容易掌握，可是我要问：为什么通过这种办法得到的角就是直角呢？其中的关键在于，我们在折牛皮的时候，是把前面的那条折痕对齐了的，既然是对齐了，那就说明折出来的两个角是相等的，在此过程中我们利用的是几何学的第一公理：相互覆盖的两个东西相等．那么，这两个相等的角又分别是多少呢？由于这两个角的角度加起来是一个平角，所以它们的大小就是平角的一半，180 度的一半是 90 度，所以它们当然就都是直角了．在这个过程当中，我们可以发现，任何一张牛皮、任何一张纸，只要是按照这种办法对齐了折两次，他们得到的角都是直角，角的度数也都是一样的．这就是欧几里得的第一个重要的公设：凡是直角都相等！①

不过古埃及人可不懂这么多，它们只知道靠着折叠牛皮的办法，就可以快速得到直角了，然后只要带有十字折痕的牛皮，往地上一扔，只要土地的长、宽两条边和十字对齐了，那就说明这

① 编者注：在欧几里得《几何原本》中为第四公设：凡直角都彼此相等．

个土地是方的．这块牛皮好不容易被细绳取代了，但因为要解决直角的问题，它又重新走回来了，看来分土地还是离不开牛皮的帮助．

古埃及人可以不管直角是什么，但是我们却不能不管，现在我们需要继续研究几何问题：直角的定义是什么？除了直角之外，还有哪些角？小学的时候我们就学过，角是射线围着它的端点转出来的结果．如果这条射线转了一整圈，那就是 360 度，叫作周角；如果只转了半圈，就形成了一条直线，这样的角度是周角的一半，因此就是 180 度，180 度的角叫作平角．平角的一半就是 90 度，90 度的角就叫直角．但是，我们之前说过，几何学是没有数字的数学，因此，我们不能通过 90 度来定义直角，那应该怎么表达呢？欧几里得的定义是：当两条直线相交时，如果相交所得的两个邻角相等，那么它们两个就都是直角．很明显，他是通过平角的一半定义直角的．同时他还指出：成直角的两条直线相互垂直，其中任意一条都叫作另一条的垂线．那么，如果这个角度小于直角呢？就叫作锐角．为什么叫锐角？因为这个角度看起来比较尖，比较锐利．反之，如果这个角度大于直角，就叫作钝角．这些知识都是我们小学的时候就掌握了的，现在新的问题来了，两条直线相交以后会产生 4 个角，这些角之间有什么关系呢？

如图 4－2 所示，AB 和 CD 两条直线相交，产生了一个 X 形：其中上下的两个角 $\angle 1$ 和 $\angle 3$ 共用了同一个顶点，还共用了两条直线，这个状态看起来是针锋相对的，就像两个牛犄角对着顶在了一起，所以我们就把这对角叫作对顶角．同样，左右两边的 $\angle 2$ 和 $\angle 4$ 也是对顶角．只要是共用一个顶点，共用两条线的一对角都叫对顶角．那么，像 $\angle 1$ 和 $\angle 2$ 这样紧挨在一起的又是什么关系呢？

由于∠1 和∠2 是一条直线被另一条直线裁成两半了，又因为它们两个彼此紧邻着，所以我们就把这样的一对角叫作邻补角. 因为可以拼成一个平角，所以两个邻补角之和等于 180 度.

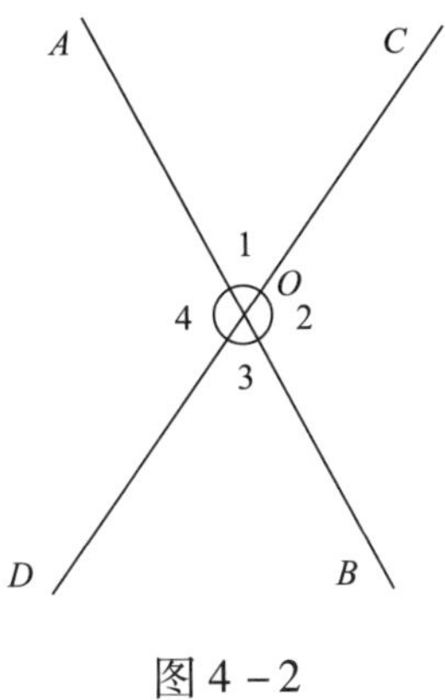

图 4－2

这个邻补角等于 180 度很容易理解，那么对顶角∠1 和∠3 是什么关系呢？凭直觉我们都能想到，这两个角肯定是相等的关系. 但是为什么两条直线相交以后，产生的对顶角就一定是相等的呢？

◎ 世界上第一个几何证明：对顶角相等

根据我们的直觉，两个针锋相对的对顶角，它们的大小应该是相等的，但是为什么这两个角会相等呢？有人说，这很简单，我们有几何学的第一公理，只要把这两个角度折过来相互覆盖一下不就知道了吗？我们还可以用剪刀把一个角剪下来，和另一个角拼合在一起，如果这两个角相互覆盖，就是相等的呀！没错，你提出的这种方法确实能证明这两个角是相等的. 但我要让你证明的是：世界上所有的对顶角都是相等的. 这又该怎么证明呢？

瞧见没有，有意思的事儿来了，我们可以肯定的是，无论你在纸上画出多少个对顶角来，你都可以通过测量或者通过剪切的方式证明它们是相等的．但问题是，世界上有无数对的对顶角，你要经过多少次的验证，才能证明世界上所有的对顶角都是相等的呢？凡是直角都相等，这已经是一个无须证明的公设了．那么，对顶角相等也是一个无须证明的公理吗？因为，对顶角相等看起来也是简单直白的．而且我们还可以通过图 4－3 物理模拟的方法来体验一下对顶角的变化：

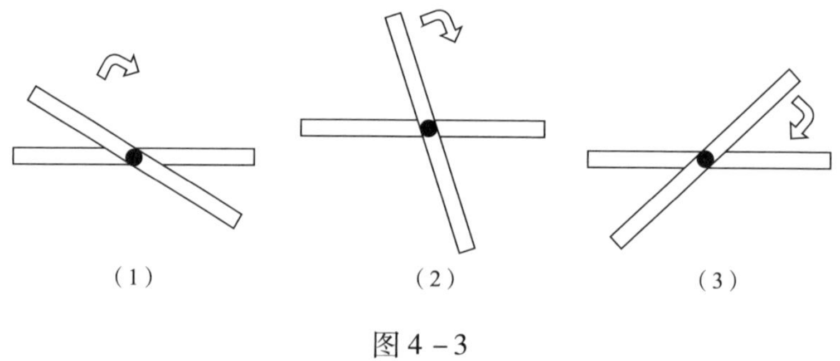

图 4－3

我们在两根棍子中间钉上个钉子，用这个活动的十字架来模拟一下两条直线相交的效果．做好了以后，我们可以按住一根棍子不动，慢慢转动另一根棍子，于是我们就会发现，这两根棍子之间的两对对顶角要么一起增大，要么一起减小．开始转动时，两根棍子是重合的，我们也可以认为两根棍子的夹角是 0 度；当两根棍子慢慢转动到垂直的时候呢，角度都变成了 90 度；然后我们继续转动，等两根棍子再次重合的时候，我们又可以认为角度变成了 180 度．可见，无论角度具体是多少，反正这对顶着的两个角，就应该是相等的．那么，我们是否可以因此判定世界上所有对顶角都相等呢？不能！为什么呀？因为，刚才通过两根棍子模拟两直线相交的时候，没有使用任何的公理和公设．这个效果模拟得再好，也只能作为一个类比，而不是一个严谨的逻辑证明．要想证明世界上所有的对顶角相等，只能从原来的几条公理中把它推导出来．那么，对顶角相等又该怎么证明呢？

如图4－2所示，在AB、CD相交形成的X形中，上下两个角∠1和∠3，是一对对顶角；左右两个角∠2和∠4，也是一对对顶角．要想证明对顶角相等，就必须找到支撑这个结论的已知条件和已有的公理定理．那我们就得好好看一看，在这个两直线相交形成的X形上，还有哪些条件与此问题有关，同时再认真想一想，我们已经学过的那些公理之中，有没有哪个公理是和对顶角有关系的．现在我们就来寻找一下相关的条件．

因为对顶角相等是我们要证明的结论，所以在找寻已知条件的时候我们就要先从其他角度找起，因为我们现在并不知道对顶角是什么关系，所以上下的∠1和∠3就先不看了，我们看看上边的∠1和左边的∠4是什么关系？显然，它们是一对邻补角．因为它们相当于直线CD被直线AB切分开了，所以∠1和∠4相加肯定等于一个平角．我们接着再往下看，下边的∠3和左边的∠4是什么关系呢？也是一对邻补角，∠3和∠4拼合起来以后，就是从左上到右下的直线AB，因此∠3和∠4相加也等于一个平角．现在就有意思了，左边的∠4和上、下两个角都有关系，它和上边的∠1是邻补角，相加等于一个平角，和下边的∠3相加也是一个平角．∠4分别加上∠3和∠1以后，都等于平角，那是不是说明∠3和∠1是相等的呢？不对！因为公理里头没有这么一条．公理里头说的是等量加等量和相等，并没有说如果等量加上不同的两个东西以后相等，这两个东西也就相等．那怎么办？我们可以把等式变个形，左边∠4加上边的∠1等于平角，是不是也可以写成∠1＝平角

$-\angle 4$ 呢？同理，左边的 $\angle 4$ 加下边的 $\angle 3$ 等于平角，也可以写作 $\angle 3=$ 平角 $-\angle 4$，$\angle 1$ 和 $\angle 3$ 都等于平角减 $\angle 4$，这符合哪条公理呢？等量减等量差相等．于是我们就知道了，上下两个角一定是相等的．对顶角相等被证明了吗？没有，以上只是我们的思路，接下来，我们就写出第一个严格的证明过程：

$\because \angle 1+\angle 4=\angle COD=180^\circ$，

$\therefore \angle 1=180^\circ-\angle 4.$

$\because \angle 3+\angle 4=\angle AOB=180^\circ$，

$\therefore \angle 3=180^\circ-\angle 4.$

又 $\because \angle 1=180^\circ-\angle 4$（已证），

$\therefore \angle 1=\angle 3.$

以上就是一个几何定理的完整的证明过程．在这个过程中，我们所有的根据都是来源于基本的公理，推理过程的先后顺序也是严密的、无懈可击的．你别看这个过程很简单，这可是数学家泰勒斯在公元前 7 世纪才证明了的．在此之前，没有任何人知道为什么对顶角是相等的．通过这个严谨的证明过程，我们可以感受到古希腊数学家那种一丝不苟的精神．以后我们在做证明题的时候，也要时刻提醒自己，每一步的根据是什么，不能无中生有地编造一个定理，也不能在证明过程中跳过几个步骤，即使这些步骤是显而易见的，也必须一条一条地给出详细说明．

这时候，也可能会有人提出质疑，人家让你证明世界上所有的对顶角相等，你不也只是证明了纸上画的一对对顶角吗？证明过程的精妙就在这里了，虽然我在纸上只是画了一个图，但是因为我没有说自己画的角的大小是多少，因此，我所证明的不仅是我画的这一张图，这一对角．在图中我们用到的所有条件，都是世界上任何一组对顶角拥有的基本条件，因此虽然我证明的是一对对顶角相等，但它们可以代表世界上所有的对顶角都相等．这就是没有数字的数学，这就是我们在不知道角度是多少的条件下，仍然可以知道两个角是相等的．如果我们不用这种逻辑证明，而采用量角器测量或者采用覆盖法验证，那就只能验证某两个具体的角是相等的，而无法证明世界上所有的对顶角都相等．

可能也有人会说，对顶角相等这么明白的事实，即使不用证明，我们心里也是清楚的．还真不是这样．要知道，从最基本的公理出发，仅仅是定理就400多个，从这400多个定理再次出发，间接证明的现象何止几千几万，而要想让那些看起来不是很直观的定理得到证明，就必须在这些看起来很明白的定理上下足功夫．这叫不积跬步，无以至千里．

◎ 让数学家头疼了2 000多年的问题：平行公理

有一个让数学家们头疼了2 000多年的一个问题：平行！

我们小学时就学过画平行线，为什么平行还会让人头疼呢？因为平行是所有定义中最难说清的．《几何原本》上的定义是：在同一平面上，永不相交的两条直线就叫作平行直线．这句话听起来还是可以理解的，因为直线是无限长的，如果这两条直线不平行，只要它们不断地延长下去，间距肯定会不断地收紧变窄，最后一定会相交．所以我们说，同一平面内，不相交的线是平行线．然而，难点是我怎么知道两条直线是平行的呢？难道真的要把两条直线无限地延长吗？如果这两条直线只是非常接近于平行，我们就得延长到宇宙的另一头才能看到它们相交，那不累死了呀！因此，我们只能通过别的办法判定．什么办法？

欧几里得给出的办法是：让这两条直线和第三条直线相交．如果相交以后，在同一侧内的两个角加起来等于180度，这两条直线就平行．这就是《几何原本》的最后一条公设——第五公设的等价命题．到现在，我们已经把欧几里得的五条公设全部说清楚了：第一，两点之间只能画一条直线，简称两点定线；第二，直线无限长；第三，给定半径和圆心可以画个圆；第四，所有的直角都相等；第五，两直线被第三条直线所截，如果相交在同一侧的两个内角相加等于平角，这两条直线就是相互平行的．[①] 和前几条公设相比，第五条的描述太复杂了，所以这也是最让人头疼的一条公设．

第五公设之所以让人头疼，就是因为它不太直观，于是很多数学家就想办法把它从公设里头剔除掉，如果能够通过其他的公理把它给证明了，把它降级为一个定理就更好了．可惜的是，2 000多年过去了，没有任何人取得成功．不但没人成功，反而有人证明了第五公设不可能通过别的公理证明！而且还有人陆续发现了不遵循第五公设的新的几何学，关于第五公设有意思的故事有很多，即

---

① 编者注：欧几里得在《几何原本》中的五大公设原文为：

（1）任意一点到另外任意一点可以画直线；

（2）一条有限线段可以继续延长；

（3）以任意点为心及任意长为半径，可作一圆；

（4）凡是直角都相等；

（5）两直线被第三条直线所截，如果同侧两个内角的和小于两个直角的和，则这两直线经无限延长后在这一侧相交．

作者在本书中对其顺序和表述进行了调整，本书中说的第五公设为原文第五公设的等价命题．

使讲一天也讲不完，所以我们就不展开讨论了. 目前我们学的还是欧氏几何，所以我们只能先把它当作一个公设给记住了. 接下来，我们就研究一下两条平行线被第三条直线所截的情况. 我们知道，两条直线相交可以产生四个角，那么如果两条平行直线被第三条直线所截就会有两个交点，产生八个角，如图 4 – 4 所示. 我们的故事就从这三条线和八个角的关系开始了.

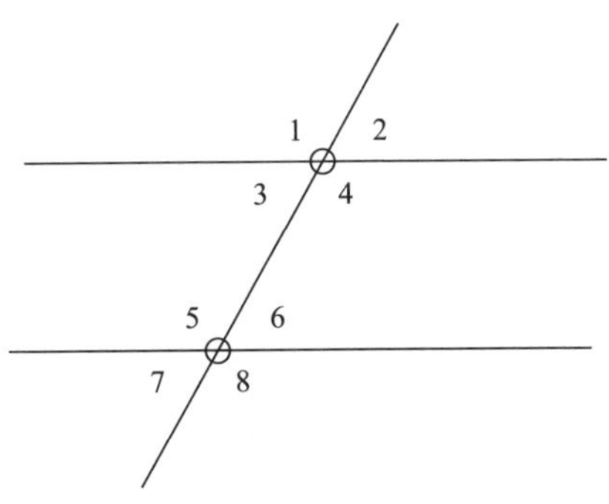

图 4 – 4

两条相互平行的水平直线被一条斜线所截后，产生了从∠1 到∠8 的八个角，图中∠4 和∠6 的关系就是第五公设所说的，在截线同一侧的两个内角，因为它们都在截线的右侧，而且在平行线的内侧，所以它们两者之间的关系叫作同旁内角. 当然，在它们对面的∠3 和∠5 也是一对同旁内角，因为它们同在截线的左侧，并且也在平行线的内侧. 根据第五公设，我们可以推导出：如果两直线平行，同旁内角相加就等于 180 度.

同旁内角相加等于 180 度就能证明两直线平行，简称同旁内角互补，两直线平行. 这就是平行线的判定定理. 同理，既然这种方法能够判定平行了，那么是不是说两条直线平行，它产生的同旁内角就一定互补呢？没错！两条直线平行，同旁内角互补，这也是一条定理，叫平行线的性质定理. 性质定理和判定定理有什么区别？性质定理是在已经知道这两条直线平行的条件下，可以由此得出哪些角的关系；而判定定理是说，在不知道这两条直线平行的情况下，应该通过什么条件才能判断两条直线平行．那么，是不是只要把判定定理反过来就可以得到性质定理呢，是的！比如，四个角是直角就可以判断一个四边形是长方形．那反过来长方形肯定是四个角相等的．但是，性质定理反过来能得到判定定理吗？这就不一定了，因为图形的性质不止一个，比如正方形的性质既有四条边相等，也包含四个角相等．我们不能根据其中的一个条件就判定某个图形一定是正方形！好了，接下来我们继续讨论平行的问题．在一个相对复杂的图形上，如何快速找出同旁内角呢？我们可以借助图4－5中的字母或者汉字的帮助学习一下．

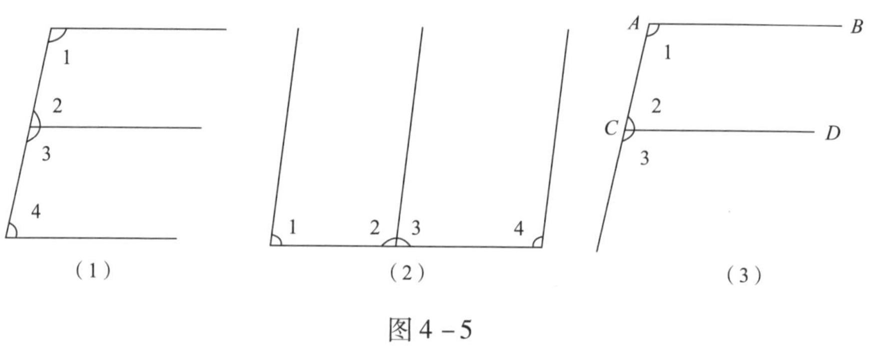

图4－5

在大写的英文字母“E”中，由于有上下两组平行线存在，因此我们至少可以找到三组同旁内角：“E”字图中的∠1和∠2，∠3和∠4，以及∠1和∠4，都是同旁内角的关系；同样，在汉字“山”字形的内部，也有着同样的三组同旁内角．由于我们心中对这些常用字母和汉字有着非常深刻的印象，因此，在面对一个复杂图形的时候，可以利用这些符号快速捕捉到图形的特征．

说完了字母“E”和汉字“山”，我们再说说字母“F”．在一个大写的“F”中，同样存在水平的两条平行线被一条斜线截断的情况．在“F”中，两条水平线中间的∠1 和∠2，仍然是同旁内角的关系，两者之和仍然是 180 度，但是，在“F”中下面的∠3 和上面的∠1 又有什么关系呢？显然，∠3 和∠2 是邻补角的关系，因此，∠3 和∠2 相加也是 180 度．记得在我们证明对顶角的时候也发生过类似的情况：两个角加上同一个角都等于 180 度，这就可以证明这两个角相等了，过程如下：

∵ $AB \parallel CD$（已知），

∴ $\angle 1 + \angle 2 = 180^\circ$（两直线平行，同旁内角互补），

∴ $\angle 1 = 180^\circ - \angle 2$（上式两侧同时减去∠2）．

又∵ $\angle 3 = 180^\circ - \angle 2$（邻补角的定义），

∴ $\angle 1 = \angle 3$（等量减等量，差相等）．

像“F”形上下的这两个角（ ∠1 和 ∠3），因为它们都在两条直线下方的右侧位置上，所以我们把它们叫作同位角．两条直线平行，同位角相等，这就是平行线的第二个性质定理．同样，由同位角相等，我们照样可以推出同旁内角互补，所以根据同位角相等，我们也可以判定两直线平行，这就是平行线的第二个判定定理．那么，除了字母“F”，还有其他方式能够发现同位角吗？如果把不等号放大一下（见图 4 －6）我们就会发现：在不等号上，有不止一对同位角，两条水平线的左上的∠1 和∠5、左下的∠3 和∠7、右上的∠2 和∠6、右下的∠4 和∠8 都是同位角，这四对同位角都是彼此对应相等的．

此外，在这幅“三线八角”的图上还有一个角，和同位角对着的，就是同位角的对顶角，比如在右上角的方位上：∠6 的同位

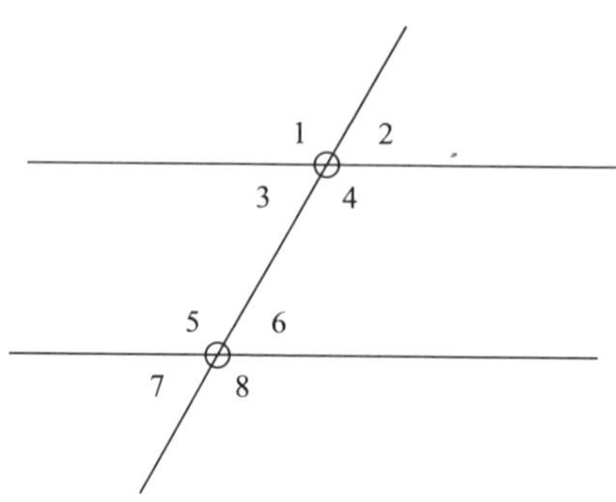

图 4 – 6

角是∠2，∠2 的对顶角是∠3，∠3 和∠6 共用一条边，其他两条边相互平行，结果拼成了一个“Z”字形，那么它们之间是什么关系呢？显然，因为∠3 和∠2 是对顶角，它俩是相等的，又因为∠2 和∠6 相等，所以∠3 和∠6 也应该是相等的．因为这两个角存在于两条平行线内部，同时又交错分布在截线的两侧，所以就叫内错角．没错，字母“Z”的上下两个角就是一对内错角，同样，字母“N”的左右两个角也是内错角关系，除了∠3 和∠6 之外，∠4 和∠5 也是一对内错角．内错角相等同样既是平行线的性质定理，又是它的判定定理．

同位角相等、内错角相等、同旁内角互补，这三个性质就是平行线的基本性质，同时，这三者之间具有等价的关系，三者中的任何一个，都可以判定两条直线之间的平行关系．而这些定理全部都是源于欧几里得第五公设．

◎ 让分土地的工作大大简化：平行线的证明

首先，我们看一下字母“W”．如图 4 – 7（1）所示，“W”

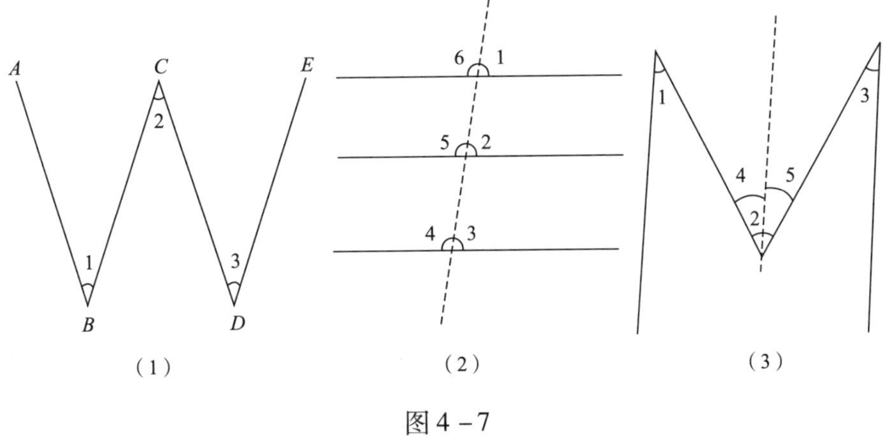

图 4－7

下边的这两个底角是什么关系呢？字母“W”一共包含了四条直线，底下这两个角之间根本就没有共同的边，不符合两条平行线被第三条直线所截的条件，平行线的几个定理看似一点忙都帮不上．仔细找找我们就会发现：第一条线和第三条线平行，第二条线和第四条线平行，也可以认为“W”就是在一个字母“N”的左边多加上了一笔形成的．如果把图中左边的一根直线遮住，剩下的部分就是字母“N”．字母“N”我们已经在前文中提到了，它是由两个内错角组成的，也就是说，∠2 应该是等于∠3 的．接着看，左边这个底角∠1 和上边的顶角∠2 有没有关系呢？如果我们把右边这条直线遮住就又会发现，左边的图形就是一个反写的“N，因为“W”的第一笔和第三笔是平行的，所以∠1 和∠2 也是内错角的关系，它们两个也相等．∠1 和∠3 都与∠2 相等，那不是说明这两个底角也相等吗？思路有了，下面我们就整理一下完整的证明过程．

∵ $AB \parallel CD$（已知），

∴ $\angle 1 = \angle 2$（两直线平行，内错角相等）．

又$\because$ $BC \parallel DE$（已知），

$\therefore \angle 3 = \angle 2$（两直线平行，内错角相等）.

又$\because$ $\angle 1 = \angle 2$（已证），

$\therefore \angle 1 = \angle 3$.

接下来，我们讨论一个看起来很简单的证明题．一个汉字“三”，已知第一条直线和第二条直线都与底下的第三条直线平行，求证上边两条直线也平行！够简单的吧，我们只需要扫一眼就知道平行，还用证明吗？是的，就是让你证明它，而且要求你必须用刚学的这几条判定定理来证明．请问你怎么证明呢？要知道，我们刚才学的可是两条直线被第三条直线所截，但是在这个题目里面根本就没有相交线，也就更没有同位角、内错角这些东西，那我们怎么运用这些定理呢？没有不要紧，我们可以给它添加一条线，不过首先得明白，这条直线并不会影响原来的直线，人家原来的线该平行就是平行，该不平行仍然是不平行，不会因为增加了直线而改变了原图的性质．既然如此，为什么非要加上这条线呢？为了让我们学的东西能用上，为了让题目更简单．

我们在汉字“三”的基础上从上到下画上一根倾斜的竖线，汉字“三”就立刻变成“丰”字［见图4－7（2）］．“丰”字一出现，一切都变得简单明朗了：左右两边立刻出现了很多对同位角、内错角．以右边为例：因为上下两条直线平行，所以它们在右上角的一对同位角$\angle 1$和$\angle 3$就是相等的．同样，中间的第二条线和下面的第三条线也是平行的，它们右上角的$\angle 2$和$\angle 3$也是一对相等的同位角，由于$\angle 1$、$\angle 2$都和$\angle 3$相等，不就可以证明$\angle 1$和$\angle 2$也相等了吗？反过来，我们知道了这两个角相等，是不是也就证明了第一条直线和第二条直线平行了？没错，到这里我们就完整地证明了这个定理：两条直线都和第三条直线平行，那么这两条直线也相互平行．这也是一个标准的平行线定理，在以后遇到此类问题时可以直接使用它．在上述的证明过程中，我们要知道，当题目中给出的图形不够直观的时候，我们可以通过强行增加一条线或者几条线，来让证明过程变得明朗起来，这种凭空增加上去的线，它的作用是辅助我们证明的，所以叫作辅助线．当我们的证明受阻的时候，就可以尝试增加一条辅助线．下面我们就研究一个高难度的问题．

如图4－7（3）所示，看一下英文字母“M”内部的几个角之间有什么关系呢？一眼看过去，字母“M”好像只是把“W”反过来了？既然“W”的两个底角是相等的，把它反过来就变成了“M”的顶角，“M”的这两个顶角肯定也是相等的呀？别着急，如果我们仔细看就会发现：“M”和“W”还真不一样，这“W”是敞着口的，它最左边和最右边的两条线不平行；但“M”可不一样了，“M”左右两边是平行的，而且外侧的两条线和中间的两条线却不平行．那么，外侧的两条平行线有没有被第三条直线所截呢？对不起，仍然没有！这“M”的中间是一个“V”字形，“V”是由两条直线组成的，如果是一条线的话，“M”就变成“N”了．那怎么办呢？图中有平行线，但是却没有被第三条直线所截，中间的两条线又都帮不上什么忙．让我们再仔细分析一下：

题目让我们求的是“M”这个字母中的三个角的关系，但是由于第一条线和第三条线不平行，所以左边的∠1 和中间的∠2 肯定是不相等的，∠2 看上去就比∠1 大很多．它们有什么关系呢？最简单的办法就是：在这个大的角∠2 里面裁剪出一个和这个小角

∠1 相等的角来，然后再在两者之间做对比，怎么裁呢？经过“M”的中间那个点，从上到下画一条和左边的竖线平行的辅助线，根据刚学的三线平行的定理可以知道：因为这条辅助线和左边的竖线平行，右边的竖线也和左边的竖线平行，所以新画出来的辅助线肯定也和右边的竖线平行．问题就变简单了：经过辅助线一切，这一个字母“M”，就变成贴在一起的两个“N”了，左右两边各有一对内错角，左边的∠1 和中间靠左的∠4 是一对内错角，右边的∠3 和中间靠右的∠5 是一对内错角，它们分别对应相等．而且我们还知道，∠4 和∠5 是从∠2 切分出来的两个角，由于整体等于部分之和，所以∠2 = ∠4 + ∠5. 因此，我们就知道，在字母“M”中，中间的角等于左右两个顶角的和．

古埃及人懂得了平行线的定理以后，分土地的工作就被大大简化了．在此之前，他们要确定一个角是不是直角，只能用画着十字的牛皮一个角一个角地比对．现在好办了，只要知道两个角相等，就知道了土地的两条边是平行的，进而可以快速地知道其他角度的情况．如果得知了其他的几条边也是平行的，只要再验证其中的任何一个角是直角，就意味着所有的角都是直角了．不过，大自然中河流弯弯曲曲，山脉起起伏伏，哪儿有那么多方方正正的土地让你去分呢，那么当他们遇到其他形状的土地时，又该怎么办呢？

五 从分土地开始

◎ 分土地，先关注三角形的内角和外角

虽然土地的形状千变万化，但是都可以被近似地分割成多个大小形状不等的三角形．因此，我们只要掌握了三角形的性质，平分土地就变得相对容易了．那么，三角形又有哪些性质呢？三角形有三条边和三个角，三角形的内角之和是180°．那么，你有没有思考过背后的原因呢？世界上有那么多大小形状不同的三角形，为什么它们的内角和都是180°呢？当然，我们可以尝试把另外两个角剪下来拼在一起，验证一下三个角能不能拼成一个平角就可以了，这被称作割补法．割补法的缺点也很明显，它只能证明你画的那一个三角形的内角和等于180°，而不能证明世界上所有三角形的内角和等于180°．当你面对的是任意一个三角形的时候，又应该

怎么证明呢？其实，学会作辅助线以后就明白了，即使我们不用剪刀，照样可以构造出一个一模一样的角来：

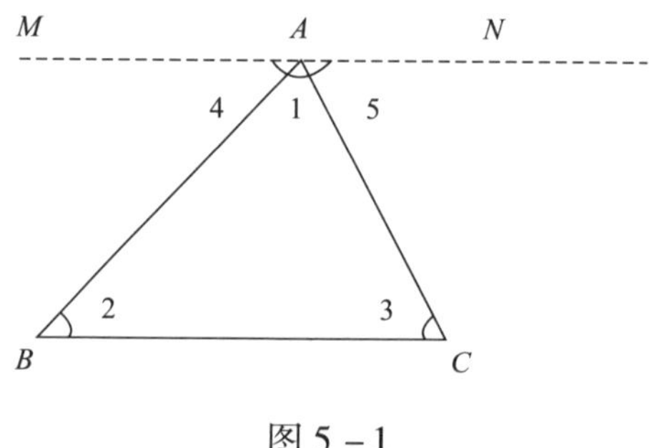

图 5－1

如图 5－1 所示，在任意一个三角形中，三个内角分别是∠1、∠2 和∠3，我们现在要证明的是这三个角相加能够凑成一个平角．应该怎么办呢？前文中曾经提到过：要想让角和角之间相互加减，最好的办法是挨着一个角，把另一个角给作出来．在这个三角形中，我们要想让∠1 加上∠2，最好的办法就是挨着∠1 作出一个和∠2 相等的角来．如何画出和∠2 相等的角呢？让我们假设一下，如果我们在一个三角形的顶点上作出了一条线，这条线和三角形左边的夹角∠4 等于∠2，那么这两个角和我们新作出的辅助线之间是什么关系呢？它们是不是组成了一个字母“Z”的形状呢？字母“Z”内的这两个角不就是内错角吗？内错角相等，两直线平行，因此我们只要经过三角形的顶点，作一条和底边平行的直线，立刻就可以得到和左边的∠2 相等的一个内错角∠4. 因为∠4 和顶角∠1 是挨着的，所以它们自然就可以相加了，按此思路我们继续处理右边的底角∠3，右边的底角∠3 已经有一个与之对应的内错角了！由于我们新作的辅助线和底边是平行的，所以三角形右边这条线和辅助线之间的夹角∠5 就和∠3 是一对内错角．一根与底边平行的辅助线经过顶点以后，左边的∠4 等于左边的底角∠2，右边的$\angle 5$等于右边的底角$\angle 3$，正中间这个角是原来的顶角$\angle 1$，这三个角合并起来正好就是一个平角，由此我们知道三角形的内角和等于180°. 在这里，因为我们作的这个三角形是任意一个三角形，所以就证明了任意三角形的内角和都是180°. 完整的证明过程如下：

如图5－1所示，已知$\triangle ABC$，过其顶点A作直线$MN /\!/ BC$.

$\because MN /\!/ BC$，

$\therefore \angle 4 = \angle 2$，$\angle 5 = \angle 3$（两直线平行，内错角相等）.

又$\because \angle 1 + \angle 4 + \angle 5 = \angle MAN = 180°$，

$\therefore \angle 1 + \angle 2 + \angle 3 = 180°$（等量代换）.

那么，三角形内角和是不是只有这一种证明方法呢？当然不是！接下来我们尝试一种新的方法：过顶点A作AM平行于BC，这时，我们只知道$\angle 4 = \angle 2$，右边的$\angle 3$找不到对应相等的角了，怎么办？我们把三角形右边CA往上延长了（延长CA至P），让这条线从顶角这个地方冒出头来. 如图5－2所示，就像三角形ABC长出来了一根天线AP，那么AP和AM的夹角$\angle 6$，和三角形右边的底角$\angle 3$是什么关系呢？这两个角是不是一对平行线AM和BC，被直线PC截断所形成的呢？而且这两个角是不是都是在平行线左上角呢？所以这两个角就是同位角的关系. 这样一来，我们又给右边的$\angle 3$找到了一个相等的角$\angle 6$. 现在，三个角再次凑到一起了，在三角形顶角这个位置上，挨着顶角的$\angle 4$和左下角的$\angle 2$是内错

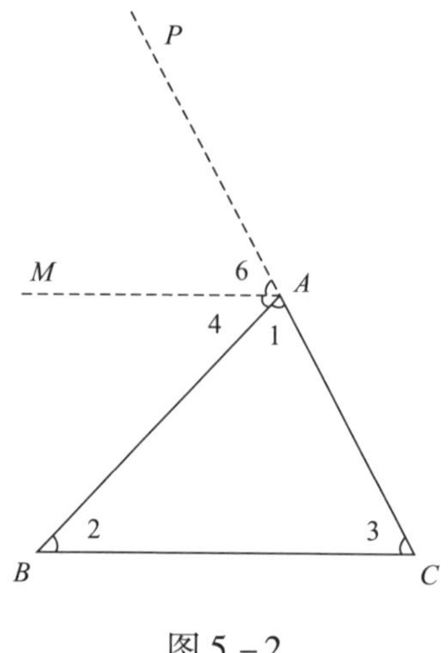

图 5－2

角关系，所以∠4 = ∠2，∠4 上面紧邻的∠6 又和右边的底角∠3 是同位角关系，∠1 + ∠4 + ∠6 仍然可以得到一个平角∠*CAP*，因此，这三个角相加仍然是 180°. 完整证明过程如下：

> 已知△*ABC*，过其顶点 *A* 作直线 *MA*∥*BC*.
> ∵ *MA*∥*BC*，
> ∴ ∠4 = ∠2（两直线平行，内错角相等）.
> 延长 *CA* 至 *P*，得到
> ∠6 = ∠3（两直线平行，同位角相等）.
> 又∵ ∠1 + ∠4 + ∠6 = ∠*CAP* = 180°，
> ∴ ∠1 + ∠2 + ∠3 = 180°（等量代换）.

对于同一个问题，我们为什么要证明两遍呢？因为我要介绍给你三角形的另一个性质：当我们延长了三角形的一条边以后，比如右边的 *CA*，它就会从顶点冒出头儿来得到射线 *AP*，此时 *AP* 就和原来三角形的左边 *AB* 形成了一个夹角∠*BAP*，由于这个夹角在三角形的外边，所以就叫作三角形的外角．这个外角可以通过一条和底边平行的线 AM 分成两部分 $\angle 4$ 和 $\angle 6$，两者又分别等于原来三角形的两个底角 $\angle 2$ 和 $\angle 3$. 因此，我们就得到了三角形的外角定理：三角形的任何一个外角，都等于和它不相邻的两个内角和．

下面，我们再研究一个问题：如图 5－3 所示的一个沙漏形 $ABCD$，已知沙漏的左边两个角 $\angle C = \angle A$，求证右边这两个角 $\angle B$ 和 $\angle D$ 也相等．

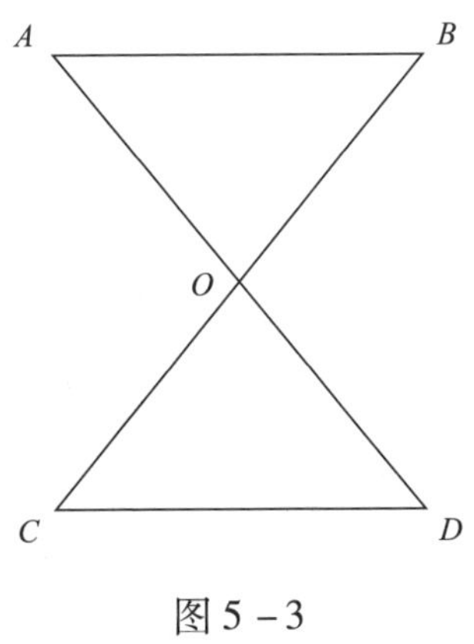

图 5－3

这个问题怎么证明呢？题目并没有告诉我们上下两条直线 AB 和 CD 是平行的，告诉我们的已知条件 $\angle A$ 和 $\angle C$ 也不是同位角或内错角的关系，因此我们只能从其他条件入手．根据图示我们发现，沙漏形是两个三角形拼凑起来的，在沙漏的细腰附近，左右两侧的角都是上下两个三角形的外角，沙漏右边的 $\angle BOD$ 是沙漏上边的三角形的外角，因此就是上面两个角 $\angle A$ 和 $\angle B$ 的和，同理，它又是沙漏最底下的两个角 $\angle C$ 和 $\angle D$ 的和，而且题目还告诉我们，左边这两个角 $\angle C = \angle A$，因此，我们就很容易知道右边的两个角相等了．证明过程如下：

$\because \angle BOD = \angle A + \angle B$（外角定理），

$\therefore \angle B = \angle BOD - \angle A$.

$\because \angle BOD = \angle C + \angle D$（外角定理），

$\therefore \angle D = \angle BOD - \angle C$.

又$\because \angle A = \angle C$（已知），

$\therefore \angle D = \angle BOD - \angle A = \angle B$.

◎ 著名的三线合一定理

小学的时候，我们学过三角形的面积等于底乘高除以二．但是这属于算术方法，按照这种方式计算面积，必须要知道底和高的具体数值．可是，古埃及人没有皮尺，在不知道具体的长度和宽度的条件下能否计算面积呢？

几何学研究的就是没有数字的数学，就是要在不知道三角形的面积等于多少的条件下把土地分下去，这就要求我们必须弄明白三角形之间的面积关系．接下来，先讨论一个最简单的问题：怎么知道两个三角形的面积是不是相等的？最简单的办法，还是用欧几里得的第一公理：两个图形相互覆盖、相互重合就说明它们相等．可是你要是用这个公理的话，就又得拿出牛皮来，利用牛皮把这个土地覆盖住了，以此确认两块土地的面积是否相等．这不是“辛辛苦苦几十年，一夜回到了解放前”吗？

那怎么办？三角形不就只有三条边、三个角吗？能不能用边角关系来判断两个三角形是完全一样的呢？在几何学中，如果两个图形的大小形状完全相同，能够相互覆盖，我们就把它们的关系叫作全等，全等图形是可以相互覆盖的，这就意味着它们除了位置以外，所有的边、角都是对应相等的．对于两个三角形而言，全等的概念就是它们的三条边和三个角都分别对应相等．什么叫对应相等？就是自己的边和别人的边相等，两个相等的边对着的夹角也相等，这就叫对应相等．如果两个三角形所有的边、角都对应相等，它们就是全等的了，但是如果只有一部分相等呢？接下来，我们就从最简单的条件开始，逐一增加条件，看看增加到什么程度就可以判断两个三角形全等了．

我们先看一下最简单的条件：如果两个三角形，只有一条底边对应相等行不行呢？我们把这两个三角形放在一起后，其中底边已经对齐了，但由于这条边两侧的两个角并不相等，所以这两个角也就无法和另一个三角形相互覆盖．既然不能对齐，那就证明两个图形肯定不全等，所以只有一条边相等［如图 5－4（1）所示］是不行的．

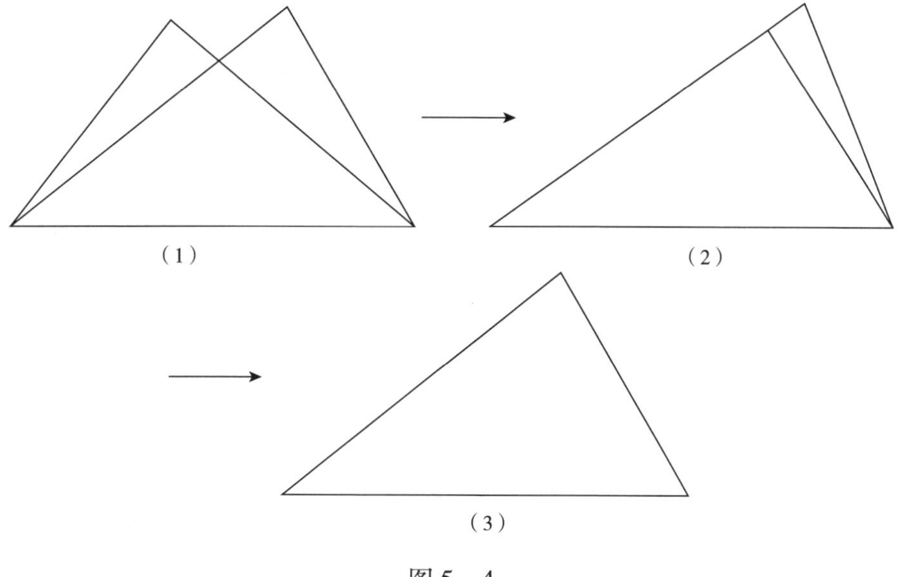

图 5－4

接下来，我们再增加一个角相等的条件．假设这条边左侧的一个角也是相等的，那么这两个三角形相互覆盖的时候，不但这条边本身对齐了，而且左侧的那个角也就对齐了，角对齐了就说明左侧的那条边也对齐了．可问题是，左侧的两条边长度不同，这就会导致一个结果：左边的另一个端点没有重合，也就是说三角形的顶点没有相互覆盖，因此三角形的第三条边肯定不能相互覆盖了，这两个三角形也就不能算是全等的了［（如图5－4（2）所示）］．

我们再增加条件，刚才不就是因为左边的长度不相等吗？我们就再让它对应相等．

截至目前，我们就有3个条件了：一条底边相等，左侧的一个角相等，左侧的边也对应相等．这时候如果我们再次把它们相互覆盖就会发现：底边对齐了，左角对齐了，由于左边的长短一样，所以三角形的顶点也就对齐了，那么是不是三角形的右边也能相互覆盖了呢？是的．为什么呢？因为两点之间只能确定一条直线！这个三角形右侧的边的两个顶点都固定不变了，它的右边也就不能变了，只能是相互重合．［如图5－4（3）所示］于是我们就得到了三角形全等的第一个判定定理：两条边对应相等，并且两边的夹角对应相等，那么这两个三角形全等．这个定理简称“边角边”．以上的证明过程，也就是欧几里得在《几何原本》中记载的标准方法．

到这里，你可能会产生一个疑问，这样相互覆盖的两个三角形能够代表世界上所有的三角形吗？我们不是曾经强调过，几何定理不能通过相互覆盖的方式来证明吗？是的，这种方法，的确不是特别稳妥，所以欧几里得也就只用覆盖法证明了这一个定理．而且，他还是通过反证法证明的．所谓反证法，就是首先我们假定一个命题是正确的，然后按照正确的推理方式推导，逐步得出相互矛盾的结果，最后就可以通过这个矛盾来证明假设是错误的．以这个定理为例，欧几里得的方法是：假设这两个三角形的第三条边相互不重合，这样就推导出一个结果，那就是过两个固定的点，可以画出两条直线，显然这个结论和我们的第一公设是冲突的．所以，我们就只能说，自己的假设是错误的，这两个三角形的第三条边，肯定也是重合的．“边角边”的定理就是这样．接下来，我们就用这个定理证明两个更显而易见的定理：一是三角形的三线合一定理；二是两点之间直线段最短．首先我们来看一下第一个定理．

如果一个三角形的两条边相等，那么它们对着的两个角就相等．两条边相等说明这个三角形是一个等腰三角形，两条腰对应的角就是它的两个底角．等腰三角形底角相等，这不是明摆着的道理吗？而且这也是我们在小学时学过的基本知识，为什么它还要证明呢？这就是几何学的严谨所在．接下来，我们就一起来分析．

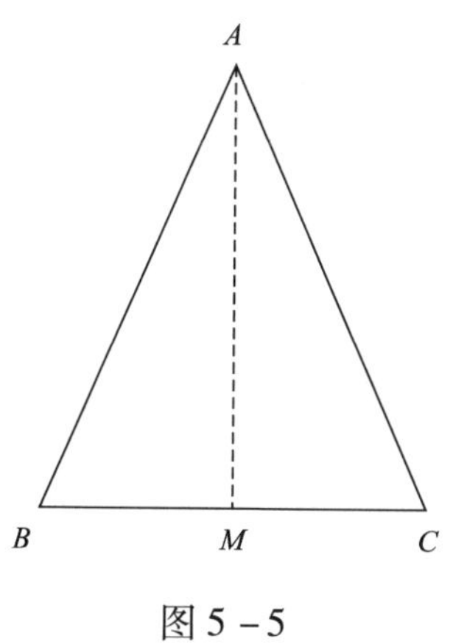

图 5－5

任何一个角都是可以被平分成两半的，就像我们折纸一样，只要把一张纸的对角对折起来，把边对齐了，再把纸张铺平，纸上自然就会出来一个折痕．这个折痕和现在的边之间的夹角，是相互重叠的，同时这两个角加起来又等于原来的角的大小，所以这个角就被平分了．之前我们用一张牛皮折叠出直角，用的也是这种办法．假设我们在等腰三角形的顶角中间画一条线，把顶角平分成两半，同时这个平分线还会和三角形的底边产生一个交点，这样一个等腰三角形就被完美地分成两半了．我们要想证明它的两个底角相等，只需要证明分开了的这两个三角形全等就可以了．

首先，这两个三角形是挨着的，它们共用一条边，也就是我们刚画出来的这条角平分线；同时，挨着这个角平分线的两个角是相等的，因为它是我们手动作出来的；而且，这个三角形的两条腰相等．现在，在这两个三角形中，两组边对应相等，中间的夹角也相等，于是我们终于凑齐了“边角边”的条件，所以这两个三角形就是全等的，因此，等腰三角形的两个底角一定相等．完整的证明过程如下：

在$\triangle ABC$中，过点A作AM平分$\angle A$，且交BC于点M.

$\because$ 在$\triangle AMC$和$\triangle AMB$中，

$AB = AC$（已知），

$\angle BAM = \angle CAM$（作图所得），

$AM = AM$（公共边），

$\therefore \triangle AMC \cong \triangle AMB$（边角边），

$\therefore \angle B = \angle C$.

通过两个三角形全等，我们还可以知道，等腰三角形底边被切开的左右两边BM和MC是对应相等的，且$\angle AMB$和$\angle AMC$也是对应相等的．要知道，这两个角加起来等于$180°$，所以它们两个都是平角的一半，即等于直角．这就是著名的三线合一定理：等腰三角形顶角的角平分线就是底边上的高，同时它还是顶点到底边中心的连线（简称中线）．

三线合一定理有没有让你感受到几何学的奇妙？接下来，我们要一起证明一个谁都明白的简单道理．

◎ 一个谁都明白的道理：两点之间直线段最短

要欣赏数学的美，有两种方式：一是通过简单的过程解决复杂的问题，用诗词形容就是“谈笑间，樯橹灰飞烟灭”，它会带给人一种痛快淋漓的感觉．二是通过复杂的过程来证明一个简单的道理，用诗词形容就是“众里寻他千百度，蓦然回首，那人却在灯火阑珊处”，这种方式会让人感受到数学的奇妙莫测之美．为什么还会有人通过复杂的方式去证明一个简单的道理呢？这是因为在实际生活中，我们的身边随时随地充斥着大量似是而非的道理．

比如，我们相信“人的本性是善良的”，我们相信“只要付出就会有回报”，我们相信“正义一定会战胜邪恶”．很多时候，我们之所以相信一个道理，并不是因为这个道理正确，而仅仅是因为它恰好代表了我们的良好意愿．我们认为只有相信这些道理才会使自己积极向上，才会使生活变得更加美好．实际上，这种观点和“只要相信上天，上天就一定会保佑你”没有任何的区别．

这些似是而非的话，全部来源于我们自己的一厢情愿．甚至我们还会产生更加莫名其妙的理论：因为一个习惯保持了几千年，所以肯定有它存在的道理；因为这个话出自某个经典著作，所以它一定是对的；因为唐僧经历了九九八十一难，所以他取来的就一定是真经．凡此种种，不一而足．这些世俗的观点使人确信：只有愚昧的人才缺乏怀疑精神，只有无知的人才会不问缘由．相反，只有渊博如老子的人才知道自己的无知，只有谦虚如苏格拉底的人才会对一个简单的问题不厌其烦地追问下去．

人的一生能不能做出自己的成就是难以预料的，然而人的一生是否在无知中度过却几乎完全取决于自己．要想让自己的一生在光明中度过，就不能盲目相信任何一个道理，无论这个道理看上去多么简单、多么直白，也必须要经过理性的检验．而要检验一个理论，只依靠部分的事实验证是站不住脚的．最简单有效的办法就是依靠逻辑推理．比如，流传很久的比萨斜塔上的自由落体实验，其实就只是一个伽利略的思想实验．

此前亚里士多德曾经告诉我们，重的物体下落得快，轻的物体下落得慢．而且，他还以羽毛和石头的下落过程为例对此做出了证明．如果你按亚里士多德的方式去检验，无论你试验多少次，都会发现石头下落的速度比羽毛要快．但伽利略没有做实验，他只是用自己的理性做了一下推理，通过反证法证明了亚里士多德的这个结论是错误的．

假设一块石头 1 千克，另一块石头 10 千克，那么按照亚里士多德的理论，10 千克的石头下落会快一些，这没什么问题．但是，如果我把 10 千克的石头和 1 千克的石头绑在一起再次抛落，又会发生什么情况呢？从总重量来看，它们的和是 11 千克了，应该下落得更快才对；然而从另一个角度来看，这 1 千克的石头会比 10 千克的石头下落得慢，所以在下落途中它一定会拖拉那个 10 千克的石头，使 10 千克的石头下落得比之前更慢了，这就像一个成年人拉着一个孩子一起赛跑，他们一起跑步的速度，肯定不如成年人自己跑快．这样看来，无论11千克的石头下落得更快还是下落得更慢，都是不对的，两者之间发生了矛盾，因此亚里士多德的理论一定是错误的，这就是逻辑推理的结果，完全无须实验的帮助．

伽利略之所以能够发现真理，并不是因为物理世界有什么特殊性，而恰恰是因为隐藏在物理世界背后的，是严谨的数学逻辑．接下来，我们就一起探索一个最简单的定理，一起感受一下几何学逻辑推理的魅力．那就是：两点之间，直线段最短．

这同样是一个非常浅显、非常直白的道理．向别人提出这个问题的人，不仅不会受到尊重，往往还会遭受别人的耻笑．不过，要把这个直线段最短的问题说清楚，确实还得费不少工夫．

为什么这个问题很难呢？因为两点之间可以存在无数条路线，而且什么样的形状都有，要想画出一个通用的、能够代表所有线路的图形是不可能的，那我们又怎么证明呢？把这两个点和连接它们的直线段都画出来，然后我们得把所有可能的路线都简单抽象一下，给它们分个类，根据不同类别分别讨论．怎么分类呢？

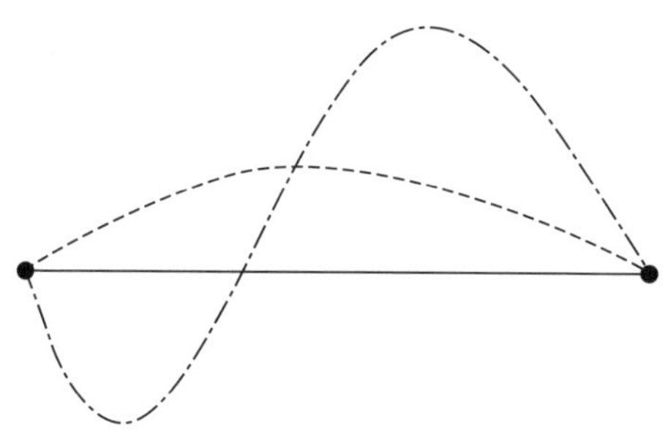

图5－6

简单来说，连结两点的线路之中，有一些曲线只在这个直线段的一侧，而另一些曲线围着直线绕来绕去，就像S形一样，它会穿过我们中间这条直线．（如图5－6所示）显然，后者的这种情况比较复杂，需要对S形的曲线做一下简化．我们可以分段来讨论：由于S形线路会把线段截成几段，如果其中每一段曲线都比对应的线段长，那么，我们就可以认为，把这些曲线加起来的总长度仍然比线段的总长度长．这样一来，我们就可以把穿过直线的这种S形的曲线，变成只朝向一边的弓形曲线来看待．换句话说，我们只要证明了弓形曲线中，绕弯儿的那根曲线比直线段长就可以了．

◎ 用复杂的过程证明简单的道理

弓形曲线不一定是标准的圆形或者弧形，怎样计算出它的长度呢？接下来，我们还要继续简化．

在弓形曲线上画个点，然后把线段的两头分别和这个点连接起来，这样一来，弓形曲线就又被分成了两段，画出来的两条线段就成了一条折线，现在我只要证明直线段的长度小于折线段的长度，折线段的长度再小于外边的弓形曲线的长度就可以了，这相当于 $a<b$，$b<c$，所以 $a<c$. 首先要证明弓形长度大于折线段长度，然后再证明折线段长度大于直线段长度．

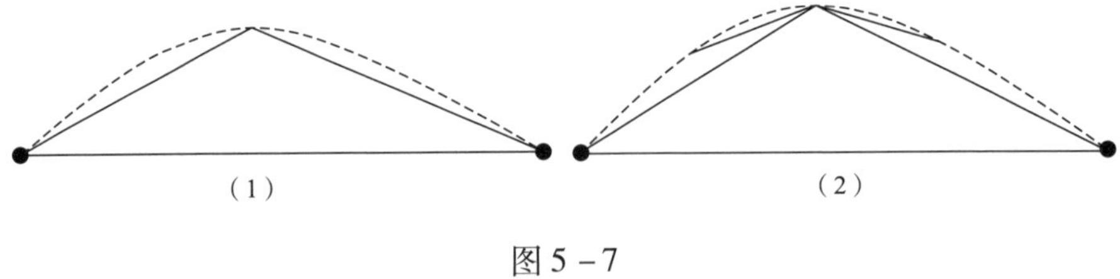

图 5－7

怎么证明半截弓形曲线大于半截折线呢？如果放大这个图形就会发现，这半截的弓形仍然是一个弓形，而这半截的折线是个直线段，这意味着什么呢？只要我们能证明外边这个直线段长度小于第一次的折线段，将来也可以再用这个定理去证明后续画出的其他折线，这个推理过程可以无限往后推导．明白了这一点，我们想要证明的核心问题就是：折线段的长大于直线段的长．只要证明了这一点，就能得到最终的证明．因此可以把其他线路去掉，只看折线的这部分：直线段和两条折线段共同凑成了一个三角形．两段折线段加起来大于直线段的意思就是说，三角形的两边之和大于第三边，这是我们对这个问题的第二次简化．

现在聚焦到这个问题上，画出任意一个$\triangle ABC$，如图5－8所示，AB、AC两边之和大于第三边BC吗？既然要求两边之和，我们就把两边之和画出来．在此，我们只需要把左边BA往上延长到D，延伸出来的长度AD正好等于右边的长度AC就可以了．这样的话，我们新作出来的线段BD就是AB和AC两边之和了．那么，BD大于BC吗？我们再添上一条线，把右侧的两个点CD连结起来，这样就形成了一个更大的$\triangle DBC$.

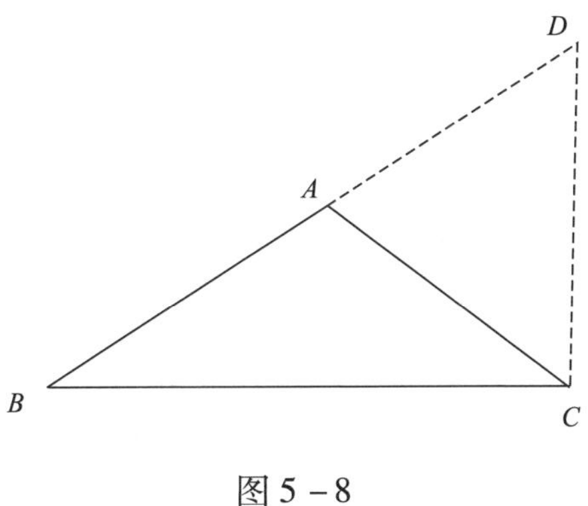

图5－8

由于AD和AC长度相同，所以右侧的$\triangle ACD$就是一个等腰三角形，根据等边对等角的定理，既然$AD=AC$，那它右边这两个底角$\angle ADC$和$\angle ACD$肯定是相等的．现在换个角度想想：整个$\triangle DBC$，它的顶角$\angle D$就是等腰三角形的一个底角，它左边DB的总长度等于原来$\triangle ABC$两边的和，底边等于原来三角形的底边BC. 因此我们原来想要判断的定理，三角形两边之和大于第三边的问题，就转变成了$\triangle DBC$的左边DB是否比底边BC长的问题了. 这样，我们就把一个$\triangle ABC$三边的比较，换成了一个$\triangle DBC$两边的比较.

那么，$\triangle DBC$有什么特点呢？它被分成了两部分，下半部分是原来的$\triangle ABC$，上半部分是等腰$\triangle ACD$，在$\triangle ACD$中，一个底角$\angle D$是大三角形的顶角，另一个底角$\angle ACD$是大三角形$\angle BCD$的一部分，也就是说$\angle BCD = \angle ACD + \angle ACB$. 由于等腰三角形底角相等，$\angle D = \angle ACD$，所以$\angle BCD = \angle D + \angle ACB$. 也就是说，在$\triangle DCB$中，顶角$\angle D$小于右侧的底角$\angle BCD$. 我们需要证明的问题是$DB$的长度大于$BC$的长度，但现在我们无法知道这两条边的具体长短，只能知道DB对着的$\angle BCD$大于BC对着的$\angle D$. 因此，我们只要知道“在一个三角形内，大角对着的边比较大，小角对着的边比较小”就可以了. 于是，我们的第三次简化完成.

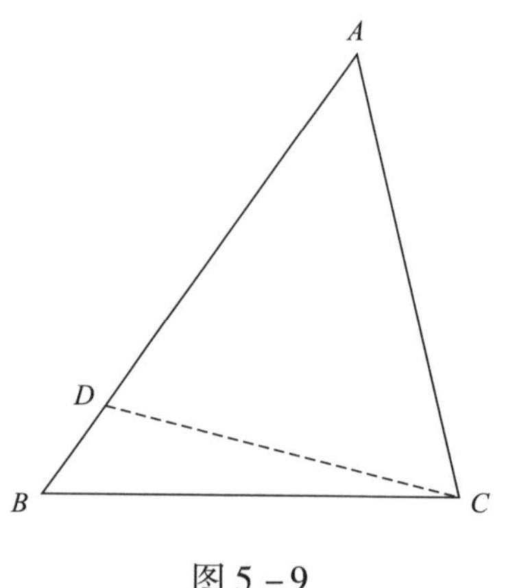

图5－9

现在需要证明的是：三角形内，大角对大边！是不是这样呢？让我们重新画一张图（如图5－9）来讨论，在$\triangle ABC$中，已知$AB > AC$，求证：AB对着的$\angle C$大于AC对着的$\angle B$. 关于三角形的边角关系，我们只知道等边对等角这一个道理，因此，要想对不相等的边角作比较，我们只能在内部先作出一个一样的条件来才可以．因为左边 AB 比较大，所以我们就可以从顶点开始用圆规在左边 AB 上截出一段线段 AD 来，让它和三角形的右边 AC 长度是相等的，然后连结 CD，这样就形成一个等腰三角形——$\triangle ADC$，不过这个等腰三角形是尖朝上的，因为我们截的边 AD 和 AC 相等，所以它的两个底角 $\angle ADC$ 和 $\angle ACD$ 肯定就是相等的．这个图形一出来，我们就看到原来的三角形右底角 $\angle C$ 被一分为二了，上半部分 $\angle ACD$ 是等腰三角形的一个底角，下半部分还剩了一个小角 $\angle DCB$，我们要把它们和原来的 $\angle B$ 对比，就看看它们之间是否存在可比的等量关系．根据图示，我们发现等腰三角形的底角 $\angle ADC$ 正好是 $\triangle DBC$ 的一个外角，根据外角等于不相邻的两个内角和，于是我们就知道 $\angle ADC=\angle B+\angle DCB$. 等量关系都找好了，我们就可以把证明过程完整地梳理出来了．

在 $\triangle ABC$ 中，

$\because AB>AC$，$\therefore$ 可在 AB 上截取一点 D 使得 $AD=AC$，而后连结 CD.

$\because AD=AC$，

$\therefore \angle ADC=\angle ACD$.

$\because \angle ADC=\angle B+\angle DCB$（三角形外角定理），

又 $\because \angle ACB=\angle ACD+\angle DCB$，

$\therefore \angle ACB=\angle ADC+\angle DCB$（等量代换）

$=\angle B+\angle DCB+\angle DCB$（等量代换），

$\therefore \angle ACB>\angle B$（整体大于部分）.

于是，我们得到了结论：在一个三角形内，大边对大角．

我们得到最终结论了吗？还没有，因为需要证明的结论是大角对大边，刚才的结论是大边对大角．那么我们能否通过大边对大角证明一下大角对大边呢？可以！我们可以假设大角不对大边，那大角对着的是什么边？只有两种可能，一种情况是大角和小角对着的边相等，另一种情况是大角对着的边反而小．先看第一种可能，大角和小角对着的边相等，这有可能吗？不可能，因为我们学过等角对等边的定理．大角对着的边反而小是不可能的，因为我们刚刚证明的就是大边对大角，两种可能性都没有，所以，结果只能是大角对大边．于是我们又通过反证法得出了正确结论：同一三角形中，大角对大边．

经过三次简化以后，我们得到这么多定理，现在可以翻回去证明我们该证的东西了：在三角形中，因为大边对大角，所以大角对大边；因为大角对大边，所以三角形两边之和大于第三边；因为两边之和大于第三边，所以折线段的总长大于直线段的，又因为曲线内部可以不断地作出折线来，所以曲线的长度大于折线段的，折线段的长度大于直线段的．所以我们得出了最终结论：两点之间，直线段的距离最短．

通过对一个定理的追问，一连串追问，问出四个定理．一个如此浅显的道理，居然也是可以证明的，而且它的证明过程居然如此复杂．如果你理解了这个过程的奇妙，你也就理解了为什么有那么多数学家会痴迷于简单的数学猜想的证明．那是因为，在这些证明的背后，隐藏着一个全新的不为人知的世界，过去我们曾经因为不断追问小数减去大数等于多少，发现了负数；因为不断追问根号 2 等于多少，我们发现了无理数；在高中阶段，我们还会因为追问负数的平方根是多少，发现虚数和向量．数学就是在这些不断追问、不断求索中不断发展的，人类文明也就因此不断进取、不断前行．

◎ 三角形全等，该怎么证明

数学最精美、最奇妙的地方，就在于通过复杂的过程去证明看似简单的道理．因此需要抛出一个看似简单的问题，吸引你一起往下探索，这样才能够见证数学的奇妙．接下来，我们就再一次见证一个几何学的奇迹，那就是三角形的稳定性．

三角形的稳定性，也是我们在小学阶段学过的内容．我们当初是以这种方式理解的：如果我们把四根棍子头尾相接地钉在一起，这样就形成了一个四边形，可是这个四边形一点都不结实，如果我们左右摇动它，它就扭来扭去地乱晃，感觉就和陈旧的桌椅差不多．如果我们在这个四边形的斜对角再钉上一根木棍，这个四边形立刻就不会乱动了．（如图 5－10 所示）在实际生活中，我们也会通过这种办法来挽救那些快散架的桌椅，那么，这又是基于什么原理呢？

三角形的稳定性问题，本质上是一个什么问题呢？假设我给了你三根棍子，你把它们首尾相接地钉在一起（如图 5－11 所示），为什么它就不能随便摇晃了呢？那是因为，把这三根棍子首尾相接，只能钉出这一个形状来．是不是这个道理呢？我们可以再对比一下四根木棍的情况：如果你用的是四根棍子，你就可以钉出长方形、平行四边形等无数个样式来，因为四边形的角度没有

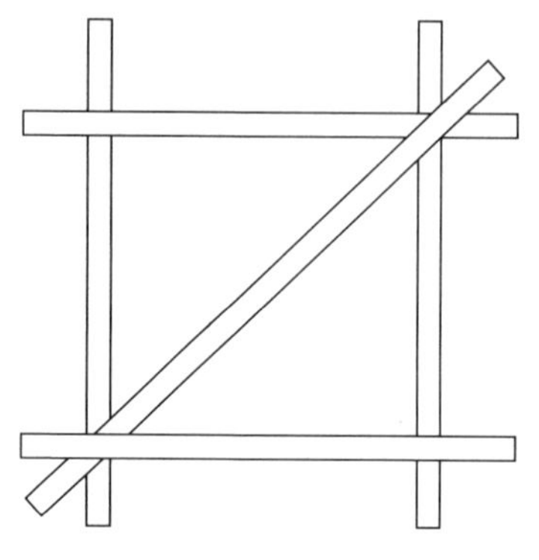

图 5－10

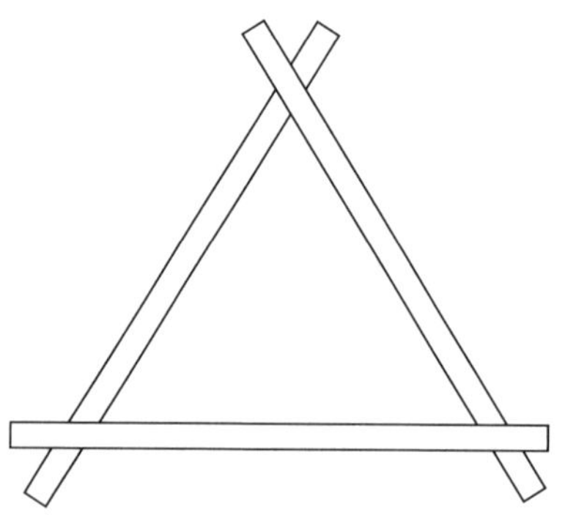

图 5－11

固定住，所以在棍子长度不变的条件下，这个四边形的四个角就随便拧．但如果给定了一个三角形的三条边，那么它的三个角也就随之固定下来了．因为三边固定，三个角也就固定了，于是我们也可以说，三边对应相等的两个三角形全等．在上述过程中，我们仍然只是通过模拟的方式对此做出解释说明．那么，这个定理成立吗？我们又该怎么证明它呢？

这个证明过程，仍然需要用到反证法．假设有两个三角形 $\triangle ABC$ 和 $\triangle A'BC$，三边都是对应相等的，三个角不相等．为了判断这种情况到底是不是存在，我们可以先把它们两个的一条边 BC 对

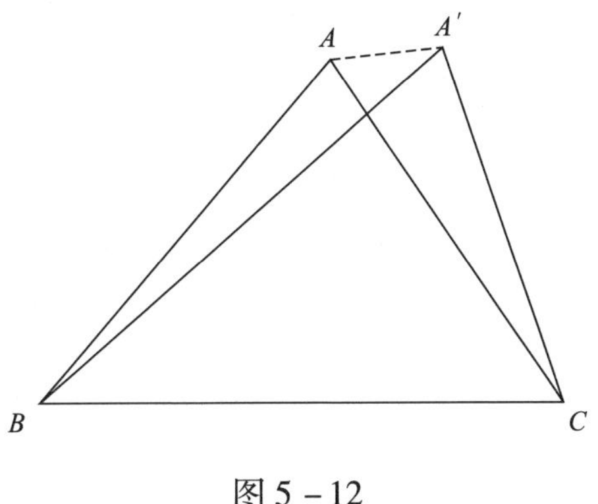

图 5－12

齐，发现除了 BC 这条边之外，其他的几个元素都没有重合，出现俩顶点 A 和 A'. 由于三条边都是对应相等的，则 $AB=A'B$，$AC=A'C$，因为 A 和 A' 不重合，可以把它们连接起来.（如图 5－12 所示）证明如下：

$\because AB=A'B$，

$\therefore \angle BAA'=\angle BA'A$（等边对等角）.

同理，$\because AC=A'C$，

$\therefore \angle CAA'=\angle CA'A$（等边对等角）.

$\because \angle BAA'$被 AC 分为两部分，

$\therefore \angle BAA'=\angle BAC+\angle CAA'$，

$\therefore \angle BAA'>\angle CAA'$（整体大于部分），

$\therefore \angle BAA'>\angle CA'A$（等量代换）.

但是，$\angle CA'A$ 同样被分为两部分，

$\therefore \angle CA'A=\angle BA'C+\angle BA'A$，

$\therefore \angle BAA'<\angle CA'A$（整体大于部分）.

由于在上文中证明过 $\angle BAA'>\angle CA'A$，发生了矛盾，所以我

们的假设是错误的，也就是说：如果三角形三边相等，则在底边重合的条件下，顶点 A 和 A' 只要在同一侧，那么一定是重合的．既然是相互覆盖，证明两个三角形全等．三边对应相等，两个三角形全等的这个定理，简称“边边边”，在英文中，边的单词 Side 开头字母是 S，角的单词 Angle 开头字母是 A，所以这个定理又简称 SSS，而与之相对的两边夹角的定理就叫 SAS．三边对应相等是三角形全等的又一个重要定理，懂得了这个定理以后，古埃及人分地再也用不着牛皮了，原来他们用绳子圈一个四边形的土地，肯定是不靠谱的，因为四边形的角度无法固定，但是，如果用 3 根绳子圈一个三角形，那它的面积可就一定是相等的了．不仅如此，他们还学会了利用三边相等的关系，画出一个直角．这又是怎么回事呢？

六

尺规作图

◎ 摆脱牛皮的束缚，自由平分土地：中垂线

假设现在有块土地需要平分，我们找到了土地的一条边，现在需要在某一点上作出一条垂线，那么在手里只有细绳的条件下，我们应该怎么做呢？我们需要做的是确定角度，但是我们手里只有绳子，绳子只能确定长度，通过长度又怎么能确定角度呢？由于我们学习了三角形三边相等的全等定理，如果让三个固定长度的边围成一个三角形，就得到了固定的角度．假如这条线我们已经画出来了，那么它既然是垂线，左右两边的角度就都等于90°．这就是我们解决问题的思路，在需要90°的地方，作出两个全等的三角形来．

怎么构造呢？把土地上现成的一条边利用上，这两个三角形如果作出来，肯定是直角三角形，而且是背对背地坐在这条边上挨在一起的，那么它们背对背地这么一贴，中间的线肯定对应相等，中间的角又都是90°，只要底边也相等，这两个三角形就全等了！而且，这两个三角形背对背地一贴，就拼出了一个大的等腰三角形．可问题是，需要我们求的中间这条线，现在还没有，我们可以顺着这个思路寻找解决办法．

为了拼出一个大的等腰三角形来，可以先把这个大三角形的腰和底确定下来，通过给定的长度去画三角形，就能得到一样的结果．如果我们先以土地的分割点为中心，随便取一个长度，按照这个长度在这个土地的边上，在它的左右比量出一样长的两端来，做上两个标记，这就是等腰三角形底下的两个顶点；然后我们随意给定一对腰长，只要再弄一根长一点的线，把这个线中间一对折，就得到两条相等的腰了．我们捏住了中间的位置，把这个折线，往土地上一放，让这段绳子的两头分别和我们刚才找的那两个点对齐了，再把这根线抻直了，就构造出一个等腰三角形．把等腰三角形的顶点和底边中点一连线，这个线就垂直于底边．这是为什么呢？因为它左右两边这两个三角形，符合三边对应相等的条件：左右两条腰是相等的，下边的两个底也是相等的，中间又是一条公用边．三边都对应相等，所以它们肯定全等，因为全等，所以中间的角就相等；这两个角相加又等于180°，所以它们就都是直角．

如果把用绳子作垂线的方法挪到纸上去，就叫作尺规作图．尺规作图和绳子作垂线的原理是一样的，只不过具体的操作方法有点差别．比如，拿着绳子对折一下，就找到中点了，可是圆规和尺子不能折断，那怎么办？我们可以先把圆规的针脚扎到要作垂线的点上，然后以此为圆心画个圈，这个圈会和刚才的直线产生两个交点，这两个交点到中点的距离自然也就是等于半径的，于是我们就在要作垂线的这条直线上找到了两个点，如图 6 –1 所示.

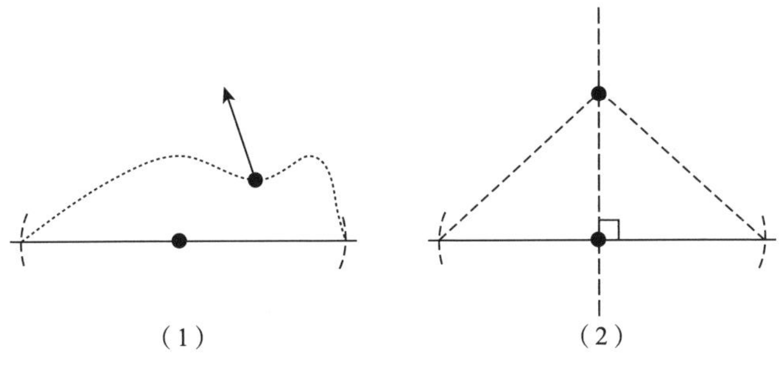

图 6 –1

这两个点就是我们要作的等腰三角形的两个底角的点，接下来，我们需要画等腰三角形的腰了，画腰时我们需要先把这个半径定得长一些，把圆规叉开的角度大一点，以这个长度为腰长. 然后把圆规的针脚扎在左边这个底角的点上，保持腰长不变，在直线的上半部分，先画出一个圆弧来. 显然，弧线上所有的点到左边底角的距离都等于我们用圆规叉开的腰长.

然后，我们再把这个圆规的针脚挪到右边的点上来，再画出同样大小的一个圆弧，这个圆弧上的所有点到右底角的距离肯定也等于腰长. 这两个圆弧画出来以后，就又产生了一个交点（见图 6 –3)，因为这个交点同时在两条弧线上，所以它到两个底角的距离，应该都等于同一个半径. 最后我们连接这个交点和线段中点，就得到了原来直线的垂线，这就是通过尺规作图画已知直线的垂线的方法，背后的原理就是三角形三边相等的判定定理.

总结一下，过直线上一点作已知直线的垂线时，先以任意长为半径，过已知的垂足点作一个圆，这个圆与已知直线交于两点，然后分别以两个交点为中心，以更大的任意腰长为半径画弧（如

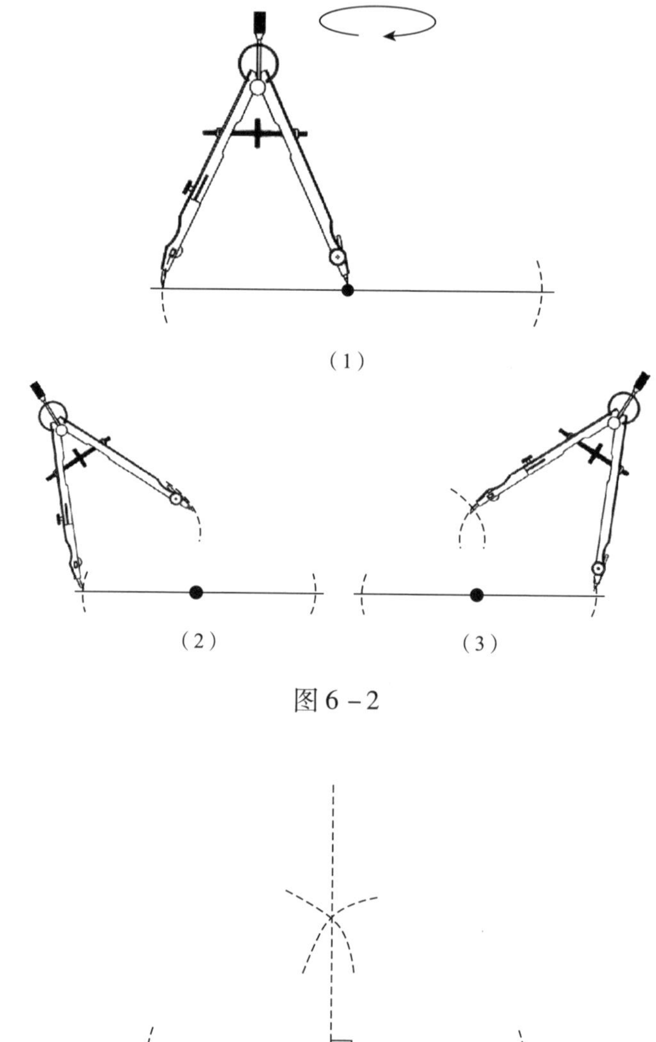

图6－2

图6－3

图6－2所示)，最后连接两条弧线的交点和直线上的已知点（如图6－3所示)，就得到了所求的垂线.

掌握了作垂线的办法以后，希腊人终于摆脱了牛皮的束缚，可以自由地平分土地了．可是在前文中我们也提到了，大多数土地并不是方方正正的，如果已知角不是直角，能不能通过绳子作出一个大小一样的角呢？

◎ 几何图形和加减乘除的关系

在实际生活中，大多数土地都不是方方正正的，那么，当我们面对一个任意角的时候，又能否利用绳子或尺规作出一个同样大小的角呢？

首先我们拿一截绳子，任意设定一个长度作为腰长，而后顺着已知角的两边分别比对一下，在这两条边上留下两个记号点，这样就得到了两条相等的边；再拿着绳子比画一下，量一下这两点之间的距离是多少，并把这个距离叫作底长．如果需要在另一个地方画出这个角来，我们就用已知的腰长和底长重新作出这个三角形来就可以了．具体的操作办法是：

先按住绳子的一头，然后以腰长为半径画出一段圆弧，使这个圆弧和已知直线产生一个交点．而后再把这个绳子挪过来，以右边这个交点为中心，以底长为半径再画个圆，这两个圆就产生了一个新的交点．把这个交点和已知的端点一连，该直线和已知直线之间的夹角，就是我们要求的角．为什么呢？因为这两个三角形都是等腰三角形，而且它们的腰长、底长全部都对应相等，凑齐了三边对应相等的条件，所以这两个三角形自然就是全等的了．这就是作一个角等于已知角的办法，接下来，我们把上述过程通过标准的尺规作图的方式描述一遍．

如图6-4所示，已知$\angle C$和一条射线OA，要求过O点作一条射线OB，使$\angle AOB=\angle C$.

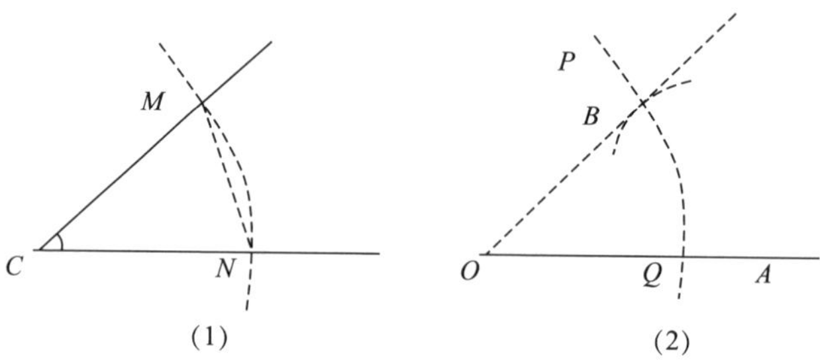

图6-4

作图过程如下：

第一步，以C点为圆心，任意长为半径画圆弧，圆弧分别和$\angle C$的两边相交于点M、N，圆弧上的点到圆心距离相等，所以$MC=NC$［如图6-4（1）所示］.

第二步，以O点为圆心，MC长为半径画弧线PQ，弧线和射线OA相交于Q点，因此，$OQ=CN$.

第三步，量取MN长度为半径后，以Q点为圆心画圆，且交PQ于B点，可知$BQ=MN$，由于B点同时在弧线PQ上，因此又有$BO=OQ=CN=CM$.

第四步，用直尺连结OB后，$\angle AOB$即为所求.

证明过程如下：

在$\triangle MCN$和$\triangle BOQ$中，由作图过程可知：

$OB=CM$,

$OQ=CN$,

$BQ=MN$,

$\therefore \triangle MCN\cong\triangle BOQ$（三边相等判定定理），

$\therefore \angle BOQ=\angle MCN$，即$\angle AOB=\angle C$.

通过上述过程我们发现，尺规作图的确很厉害，在不知道具体角度，且没有任何测量工具帮助的情况下，却能作直角，甚至能作出任意角．那么，还有哪些尺规作图能做的事情呢？其实，几何学里面的尺规作图就相当于是代数学里的加减乘除，凡是通过加减乘除能够实现的，利用尺规作图的方式全部都可以实现．那么，几何图形和加减乘除有什么关系呢？

请仔细想一下：两条线段的长度是不是可以加在一起呀？两个角的角度是不是可以相减呢？一条线段的长度是否可以放大 3 倍呀？一个已知角是否可以一分为二呢？所有这些，全部都是可以的！无论是长度、角度还是面积、体积，全部都可以加减乘除．否则几何学怎么能属于数学呢？虽然我们不知道线段的具体长度，也不知道角的具体大小，可是，我们仍然可以实现加减乘除．不过在具体作图前，我们先要弄明白一个问题，我们为什么能做加减乘除呢？

其实，我们之所以能够做加减乘除，全部源于我们能够作相等的图形，我们在几何课一开始的时候，就演示了怎么作一条线段等于已知线段，现在呢，我们又学了怎么作一个新的角等于已知的角．相等能作了，加减法还会远吗？如果让我们作一条线段的长度等于另外两条线段的长，应该如何实现呢？这并不难，因为我们已经知道其中任意的一条线段的作法了，因此我们只要先画一条射线，再用圆规叉开了量一下已知线段的长度，然后回到这条射线比量一下，不就可以把已知线段的长度移动到这条射线上来了吗？完整的作图过程如下：（如图 6－5 所示）

已知线段 AB、CD，求一条线段 MN，使 $MN = AB + CD$.

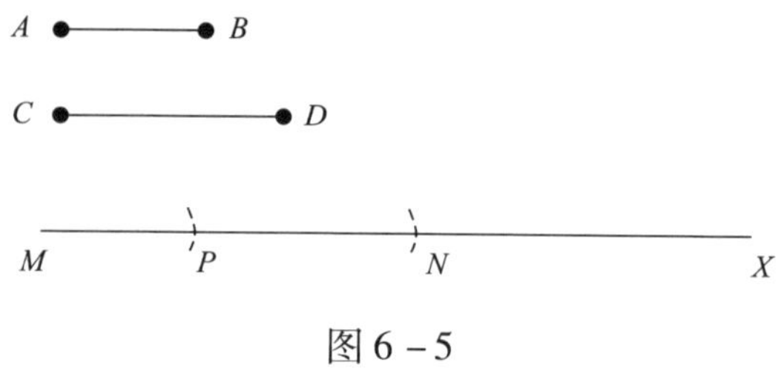

图 6－5

第一步，作射线 MX；

第二步，以 M 点为圆心，AB 长为半径画弧，弧线交 MX 于点 P；

第三步，以 P 点为圆心，CD 长为半径画弧，弧线交 PX 于点 N，线段 MN 即为所求．

如果我们要求两条已知线段相减呢？只需要先画出长线段，而后再在长线段内部截取出一条线段等于短线段，两条线段一截取，剩下的那段就是所求的差．由于此过程非常简单，就不再详细描述了．

线段的加减法很简单，角度的加减法也并不复杂．由于我们已经掌握了画一个角等于已知角的方法，因此要画一个角等于两个已知角的和，就只需要先画出一个角来，然后再以新画出来的角的一条边为起始边，在这个边的后面，继续把另一个角画出来就可以了．当我们画完挨在一起的两个角之后，两个角的和也就自然显示出来了．同样，如果我们要求两角之差，只需要先把大角画出来，然后在大角的内部画一个小角，两角之差就得到了．

我们都知道，乘法是连续的加法，因此知道了加法怎么做，乘法也就不难了：如果让你画一条线段等于 3 倍的已知线段，那你就在后边多续上两次不就行了吗？如果让你画一个角等于已知角的2倍，你也就挨着它再画个同样的角．不过，如果让你画8倍长度的线段，你就不必连续加7次了，你可以先画出2倍长度的线段，再用这2倍长度的线段为基础翻个倍，这样就得到了4倍长度的线段，再继续翻1倍，直接得到8倍长度的线段了．

◎ 角平分线

几何学也属于数学，因为它也是离不开加减乘除的．即使我们不知道具体的长度角度，但照样不影响实现加减乘除．通过前面的讨论，我们明白了加减法和乘法，但除法又该怎么办呢？比如，我给你一个线段，让你平分成两半；我给你一个角，让你把它的角平分线画出来．该怎么画呢？

我们要明确一点，在尺规作图的时候，无论要实现的具体内容是什么，都要依据三角形三边对应相等的全等定理．因为这种尺子是没有刻度的，要想分出相等的东西来就必须用图形全等的方式来求；同时，我们还没有量角器，不知道具体角度，因此要想让角度相等，也只能转换为边相等才能实现，因为我们手里的直尺和圆规只能确定长度，不能确定角度．无论是画垂线、画已知角、平分线段还是平分一个角，都只能用三边相等的全等定理，其他定理虽然有很多，但是在尺规作图的问题上都帮不上忙．只要理解了这一点，具体的操作方式就很容易了，下面我们先研究一下角平分线的作法：

题目：给定一个任意大小的角$\angle O$，求作一条射线OM平分$\angle O$. 通过前面的分析我们已经知道，作图能借用的只有三边相等

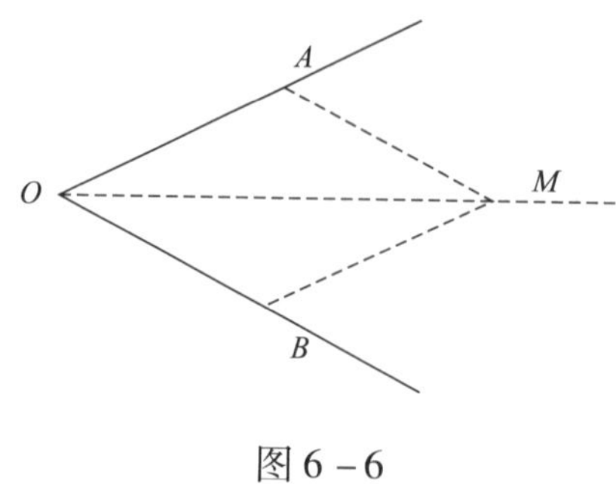

图 6－6

的定理．我们假设 OM 这条射线已经作出来了（如图 6－6 所示），由于 OM 已经平分了 $\angle O$，所以在我们可以利用的两个全等三角形中，被 OM 平分的两个角一定是全等三角形的一组对应角，而 OM 本身一定是两个三角形的公用边．为了凑全等三角形三边对应相等的条件，我们不妨假设 $\angle O$ 的两条边上有两点 A、B，且 $OA = OB$. 现在我们已经凑足了两组对边相等，继续连结 MA 和 MB 以后，我们发现：要想让 $\triangle OAM$ 和 $\triangle OBM$ 全等，必须保障 $AM = BM$. 而两条边长度相等，同样可以靠圆规帮忙实现．通过上述分析，我们就得到了平分任意角的操作步骤．

已知 $\angle O$，求作 $\angle O$ 的平分线 OM. 作法如下：（如图 6－7 所示）

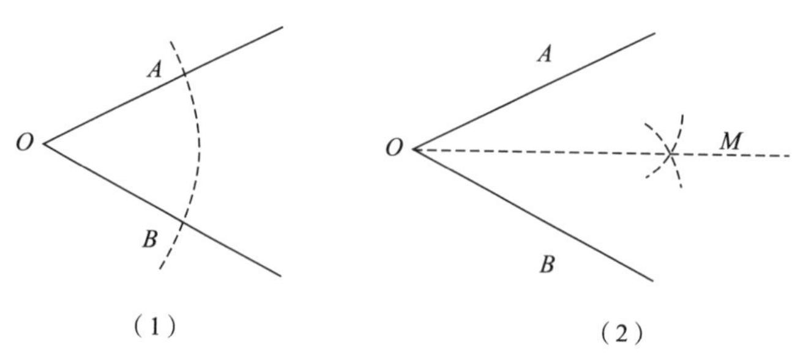

图 6－7

第一步，以 O 为圆心，任意长为半径画弧，且交 $\angle O$ 的两条边于 A、B 两点，这样就保障了 $OA = OB$.

第二步，分别以 A 和 B 为圆心，以 OA 长为半径画弧线，两条弧线相交于 M 点，于是也就保障了 $AM = BM$，最后连结 OM，OM 即为所求.

为什么通过这种方法就能保障 OM 平分 $\angle AOB$ 呢？因为在 $\triangle AOM$ 和 $\triangle BOM$ 中：$OA = OB$，$OM = OM$，$AM = BM$，三边对应相等，所以 $\triangle AOM \cong \triangle BOM$，因此 $\angle AOM = \angle BOM = \frac{1}{2}\angle AOB$. 以上就是利用三边相等的全等定理作角平分线的方法. 接下来，我们继续研究寻找线段中点的办法.

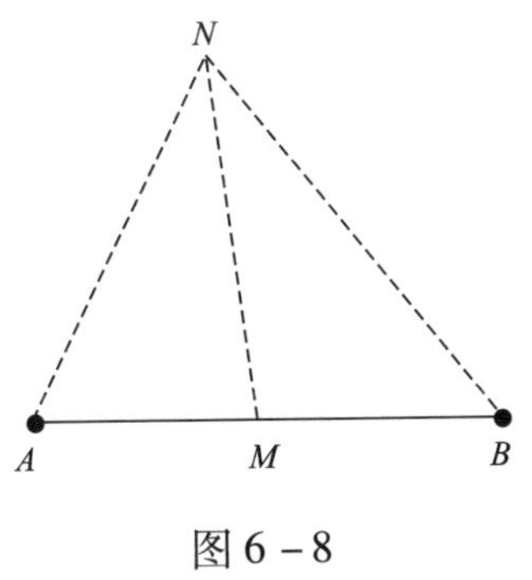

图 6－8

如图 6－8 所示：已知线段 AB，在线段 AB 上找一点 M，使 $MA = MB$. 通过刚才的讨论，我们知道，要想平分一条线段，也只能借助三角形三边相等的全等定理. 按照这个思路，我们可以继续往下分析，假设中点 M 点已经作出来了，则有 $MA = MB$，我们现在想利用三角形全等定理，则 MA 和 MB 一定是两个全等三角形的一组对应边，相对于其中一个三角形而言，我们已经找到两个顶点了，只需要再找到一个顶点就可以了，假设这个顶点是在 AB 上方的 N

点，那么，当我们分别连结 AN、MN 和 BN 以后就会发现，MN 是两个三角形的公用边，又因为 $MA=MB$，因此要想让两个三角形全等，必须使得 $NA=NB$. 到此，我们终于明白了，我们要做的，是一条等腰三角形的中线，由于中线也是顶角的角平分线，因此，我们就得出了正确的作图方法：（如图6-9所示）

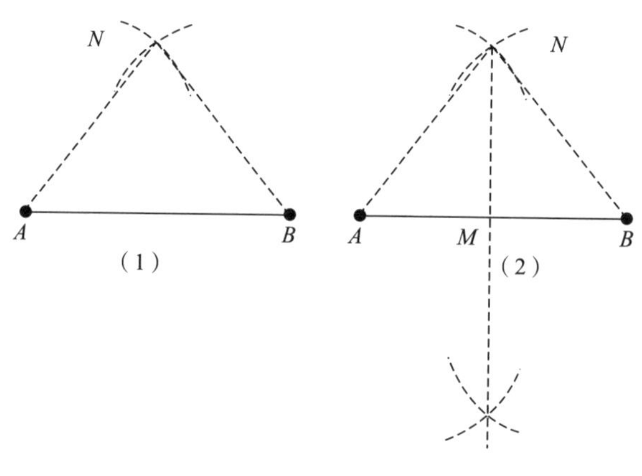

图6-9

第一步，分别以 A、B 为圆心，以大于 AB 一半长度为半径画弧，两弧线交于 N 点，分别连结 NA 和 NB.

第二步，作 $\angle ANB$ 的角平分线 NM，且交 AB 于 M 点，M 点即为所求.

需要说明的是，在作 $\angle ANB$ 的角平分线时，由于 AN 和 BN 已经是相等的两条线段了，所以，无须在 $\angle ANB$ 的两条边上重新寻找两个点，只需要分别以 A 点和 B 点为圆心，以 AN 长为半径画弧线即可．那么，由于圆规在画弧线的半径确定后，一直就没有发生过任何变化，所以，我们其实可以更简单地把步骤简化为：分别以 A、B 为圆心，以大于 $\frac{1}{2}AB$ 长为半径画圆，两圆相交于两个交点

C、D，而后连结 C、D，交 AB 于 M 点，M 点即为所求．在作图过程中，我们不难发现，其实 M 不仅是 AB 的中点，还是一个垂足，因此，该方法作出的直线 CD 也是已知线段 AB 的中垂线．

对比一下角平分线和中垂线的作法，我们不难发现：尺规作图的方法都是大同小异的，无论是角的平分线还是线段的垂直平分线，都是通过三角形全等定理来实现的．下面，我们继续通过这个定理研究一下平行线的作法．

已知直线 AB 和 AB 上方一点 C，过点 C 求作一条直线 CD，使得 $CD/\!/AB$. 我们知道，平行线的定义都是靠同旁内角互补来实现的，判定定理又几乎全部都与角度有关，所以我们要想作出平行线，也只能通过角度的帮助．但我们还知道，靠直尺和圆规根本无法直接测量角度，因此又只能利用三边相等的全等定理来保障角的相等，懂得了这两点，基本也就没什么可选的方案了．首先我们必须过点 C 作一条直线 CM，而且不出意外的话，这条直线一定会和 AB 有交点，假设这个交点就是 M.（为什么一定会有交点呢？如果没交点的话，那不就是一条平行线了吗？）而有了交点就会产生一个角，那么，假设我们作出平行线 CD，CD 自然也会与 CM 形成夹角，如果两直线平行，这两个夹角就是同位角关系，一定会相等．（如图 6－10）所以，只要过 C 点作一个角，使得这个角的大小等于 CM 和 AB 的夹角就可以了．下面就是完整的作图过程：（如图 6－11 所示）

第一步，过 C 作直线 CM 交 AB 于点 M；再以点 M 为圆心，CM 长为半径作弧线 1，且交 AB 于点 C'，这里实际上是作出了一个等腰三角形 CMC'，接下去就要根据三

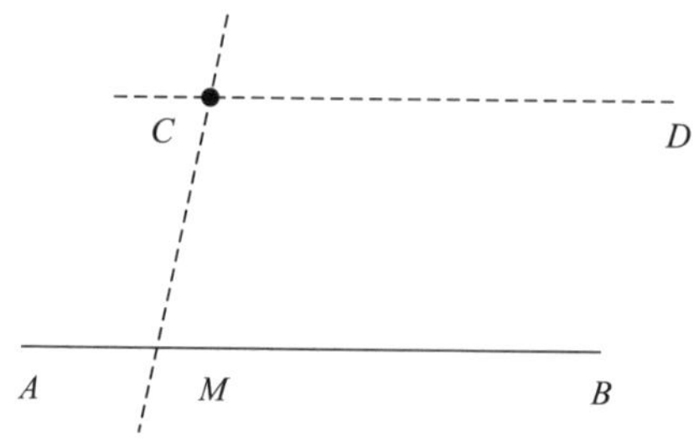

图 6－10

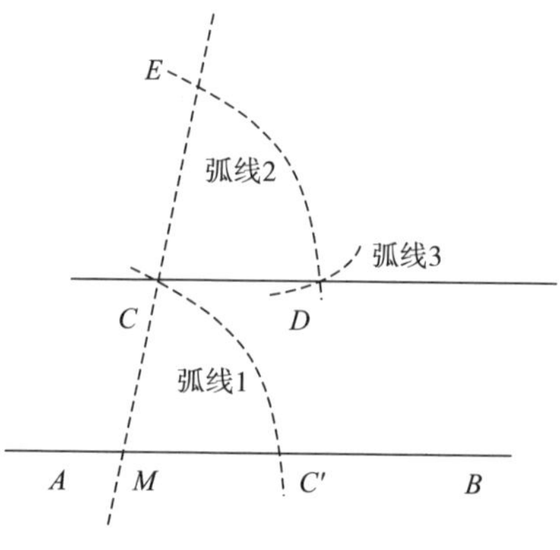

图 6－11

边对应相等的定理，在 C 点附近复制出一个与此全等的三角形；

第二步，以 C 为圆心，CM 长为半径画弧线 2，且交 MC 延长线于 E 点，这个操作就保障了 $EC=CM$；

第三步，以 E 点为圆心，CC' 长为半径画弧线 3，且交弧线 2 于 D 点，由于 D 点在弧线 2 上，所以它到 C 的距离 $DC=CM=C'M$，由于点 D 又在以 E 点为圆心的弧线 3 上，所以 $ED=CC'$，$\triangle EDC$ 和 $\triangle CC'M$ 的三条边都是对应相等的，因此必然全等．此时只需连结并延长 CD，直线 CD 即为所求．

◎ 用尺规作图解决生活中的问题

所谓的尺规作图，不过就是数学里边的加减乘除而已，无论是作垂线、平行线，还是对一个角作平分，都是利用三角形三边对应相等的这个判定定理．那么，关于尺规作图还有哪些规律呢？

不知你发现没有，我们在前面的作图过程中，大部分时间都只是在找点．

作一条垂线的时候，一开始只有一个垂足点，由于两点才能确定一条直线，因此要想把垂线作出来，就还需要另一个点才能确定这条垂线．于是我们就从垂足点出发，通过画弧线的方式，在直线上找到两个对称点，然后再以这两个交点为圆心，画出两个大圆，通过大圆的交点才找到了垂线上的另一点．作角平分线也是如此，一开始只有角的顶点这一个点，我们仍然是通过圆弧在这个角的两边上找到交点，然后再分别从两个交点出发画圆弧，通过圆弧的交点找到了另一个点．

其他作图问题也都是如此，我们必须得找到点，因为找不到新的点，就没法连线，没法作圆．但是，我们在一张空空如也的白纸上，怎么去找那个未知的点呢？只能通过线去找点，可是一条线上有无数个点，那怎么办？可以通过两条线来帮忙，无论是两条直线还是弧线，只要我们确定了两条线，很快就能找到它们的交点．尺规作图在生活中有什么用处吗？尺规作图的方法又告诉我们哪些道理呢？

当生活中一个具体的问题摆在面前的时候，为什么我们会感到迷茫呢？只要按照道理办不就可以了吗？为什么我们会犹豫不决呢？那是因为，我们只按照一个道理办事，条件不充分．前面说过，一个道理就是一条线，一条线上有无数个点，要想确定一件事怎么做，必须找到两个以上的道理才能确定．

接下来我们就处理这样一个生活中的问题：在一个地点的附近有三个村子，现在我们要为这三个村子的村民打上一口井，为了公平起见，需要让这口井到三个村的距离一样远．请问，我们如何确定这口井的具体位置呢？显然，这就是在一张白纸上找一个点的问题，这个点找不到怎么办，是不是就可以借助两条线来帮忙呢？可是，我们连线都找不到，现在这张白纸上，只有代表三个村子位置的三个孤零零的点，怎么办？我们可以从已知条件里头，先把这两条线找出来．一下子找不到距离三个村子同样远的点不要紧，可以先找距离其中的两个村子同样远的一条线．接下来我们就来试着找一找：

我们可以在一张白纸上描三个固定的点代表三个村子，然后任意选出其中的两个点来，再随意找出一个到这两个点距离相等的点．距离相等是很容易操作的，我们知道，圆规画出的圆弧到圆心的距离就是永远相等的，于是我们可以把圆规叉开，以一个固定的长度为半径，然后分别以两个村为圆心，用这个半径画上两段圆弧，使这两段圆弧产生一个交点，那么这个交点到两个村的距离正好等于刚才我们用圆规叉好的半径．［如图 6－12（1）所示］

这个过程就等同于在通过两个道理确定一件事情怎么做：由于半径没有变化，所以第一段圆弧上所有的点到第一个圆心的距离等于半径；同理，第二段圆弧上所有的点到第二个圆心的距离也等于同一个半径，而中间的交点既存在于第一段圆弧上，又存在于第二段圆弧上，因此它到两个圆心的距离，肯定也等于同一个半径了．也就是说，一件事儿要办得靠谱，就应该既符合第一个道理的要求，又符合第二个道理的要求．不是要找一条线吗？可是我们现在只是找到了一个点．没关系，因为我们的半径是随意给定的，只要我们按照这种方式多作几个点，就会发现与两个村子距离相等的那些点全部存在于一条直线上，这条直线就是两点之间线段的垂直平分线．那这又是为什么呢？

很简单，因为如果我们把垂直平分线上的任何一点和这两个村子一连，马上就会形成两个全等的三角形，为什么这两个三角形全等呢？因为既然这两个村子之间的连线被垂直平分了，就有两个直角对应相等，两条直角边对应相等，同时这两个三角形背靠背紧挨在一起，它们之间有一条公共边，于是就符合了边角边判定定理的条件，因此这两个直角三角形一定是全等的．垂直平分线上的任何一点到线段两个端点的距离相等，这就是线段垂直平分线的性质定理．［如图 6 – 12（2）所示］现在，我们终于从一张白纸上找到一条线了，在寻找一条线的过程中，发现的是一条新的定理．同样，当我们在繁杂的生活事务中理出头绪的时候，就发现了一种做人做事新的道理．

现在我们知道，只要把井打在两个村子之间的垂直平分线的任何一点上，不管这一点有多么遥远，它到两个村子的距离都是相等的．接下来我们就考虑第三个村子的问题：既然我们发现了垂直平分线的性质定理，那么就可以依靠它的帮助来确定另一条线了．我们只需要从先前的两个村子里随便选出一个点来，和第三个村配成一对儿，然后把这两个村的垂直平分线也作出来就可以了．这条新的垂直平分线上的任何一点到第二个和第三个村的距离肯

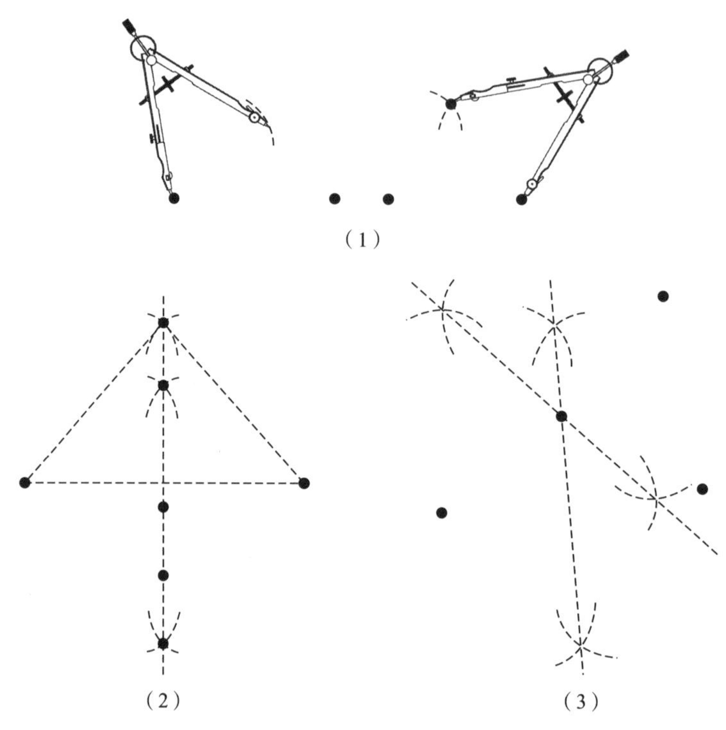

图 6－12

定也相等的，既然已经有两条垂直平分线，它们肯定就会产生一个交点，因为这个交点属于第一条垂直平分线，所以它到第一个村子和第二个村子的距离相等；又因为这个点也在第二条垂直平分线上，所以它到第三个村子的距离也等于到第二个村子的距离，因此，它到三个村子的距离就肯定是相等的了．（如图 6－12（3）所示）

以上，我们用尺规作图法解决了一个生活中的问题．我们知道，到两个点距离相等的点都在这两点之间线段的垂直平分线上；到三个点距离相等的点又在两条垂直平分线的交点上．其实我们真正要关注的内容，不仅仅是垂直平分线的性质定理，不仅仅是尺规作图的这些具体方法，而是隐藏在具体方法背后的思维方式：

当我们处理代数问题的时候，一个道理就可以写出一个方程，两个道理就可以联合成为一个方程组；对方程组求解后，得到的答案就可以同时满足两个道理的要求．同理，当我们通过几何的方式来解决问题时，一个道理对应的就是一条线，这条线上所有的点都符合这个道理的要求；另一个道理对应的是另一条线，当我们把这两条线都画在同一个平面上的时候，自然就会产生交点．交点一确定下来，两个条件就都得到满足，一个事情该怎么做，也就有了确定性的结果．

在尺规作图中，除了全等三角形三边对应相等这个最基本的定理之外，常用的还有四个常用的定理：第一，到一个点的距离不变的所有点都集中在一个圆上；第二，到两个点的距离相等的点在这两点之间线段的垂直平分线上；第三，到一条线距离不变的点在这条线的平行线上；第四，到两条线距离相等的点在这两线夹角的角平分线上．那么，我们最后提到的这两个定理为什么成立呢？

七

任意土地的平分

◎ 平行线间的距离和任意形状的面积问题

这里，对两个重要的定理进行证明：第一，平行线间的距离处处相等；第二，角平分线上的点到角的两边距离相等.

首先，什么是点到直线的距离？所谓点到直线的距离，就是指直线外一点到直线上所有的点的距离中最短的那个，而距离最短的就是点到直线的垂线段的长度. 那么，为什么垂线段最短呢？下面我们就一起来分析.

如图 7-1 所示，我们先从直线 AB 外一点 C 画一条已知直线的垂线 CD，然后我们再连结 C 和直线上任意一点 E，这样就出现了一条斜线 CE. 从图 7-1 中可以看到，斜线 CE 对着的角，就是那个垂足 D 所在的直角 $\angle CDE$，而垂线段 CD 对着的角 $\angle CED$ 却是一个锐角，根据大角对大边的道理，肯定是直角对着的斜线 CE 更长，锐角对着的垂线 CD 稍短．所以我们就用垂线段的长度来表示点到直线的距离．

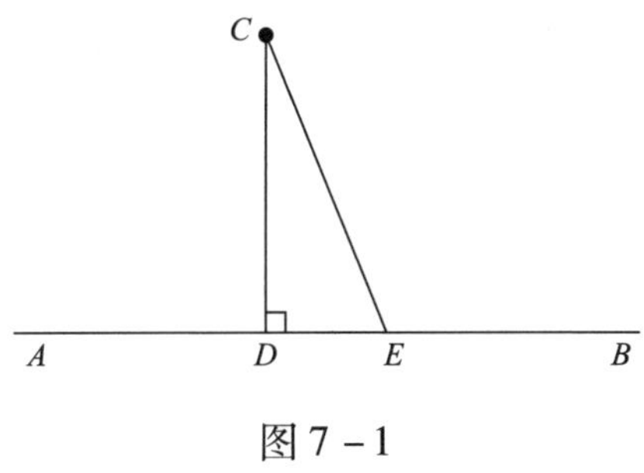

图 7－1

什么是两条直线之间的距离？首先我们知道，两条直线之间的关系分为相交和平行两种情况：如果两条直线相交，两者之间的距离就是不确定的，在交点附近距离近，越是远离交点，两线之间的距离越远，所以这种情况下，讲距离没有意义．那么，平行线之间距离是处处相等的吗？

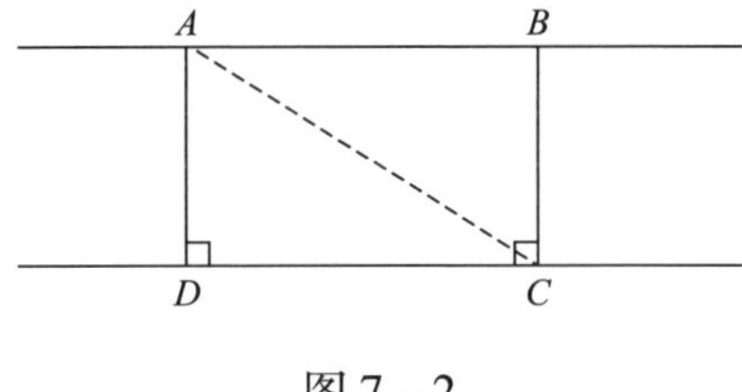

图 7－2

我们不妨尝试一下，在两条平行线之间任意选定两个位置，画上两条垂线（如图 7－2 所示），由于同旁内角互补，因此在垂线和平行线之间就形成了一个四个角都是直角的长方形，长方形的长和宽是对应相等的，于是我们就可以知道平行线间的距离处处相等了．但这只是我们的直觉而已，仍然需要逻辑严谨的证明：为什么长方形的长宽是对应相等的？这个问题看似简单，实则非常复杂.

在已知的条件之中，找不到任何两条线段是相等的，我们只知道一对平行线和两条垂线，除此之外一无所知．根据这些已知条件，我们能够推导出哪些结论？

$\because AB /\!/ CD$（已知），

$\therefore \angle DAB = 180° - \angle ADC$（两直线平行，同旁内角互补）.

又$\because AD \perp DC$，$\angle ADC = 90°$（已知），

$\therefore \angle DAB = 180° - 90° = 90°$（等量代换）.

同理，由 $BC \perp DC$，可得

$\angle ABC = \angle BCD = 90°$，

$\because \angle ADC = \angle BCD = 90°$（已知），

$\therefore AD /\!/ BC$，

$\therefore$ 四边形 $ABCD$ 为矩形（两组对边平行，四个角都是直角）.

我们需要证明 $AD = BC$，但是已知条件中并没有任何线段相等的条件，因此只能构造出两个含有公共边的三角形，利用三角形全等来证明边的相等，因此我们不妨连结 AC（如图 7－2 所示），于是形成了两个直角三角形$\triangle BAC$ 和$\triangle DCA$.

$\because AB /\!/ CD$（已知），

$\therefore \angle BAC = \angle DCA$（两直线平行，内错角相等）.

$\because AD /\!/ BC$（已证），

$\therefore \angle BCA = \angle DAC$（两直线平行，内错角相等）.

现在，在$\triangle BAC$和$\triangle DCA$中，已经拥有了三组条件：$\angle BAC=\angle DCA$，$AC=CA$（公共边），$\angle BCA=\angle DAC$.

三角形的两个角以及这两角的夹边都对应相等，那么这两个三角形是否全等呢？接下来我们可以通过反证法来证明它：

假设AD不等于BC，那么，我们就可以在AD或者其延长线上截取AE，使得$AE=BC$，当点E在AD内时（如图7－3所示），在$\triangle AEC$和$\triangle CBA$中：

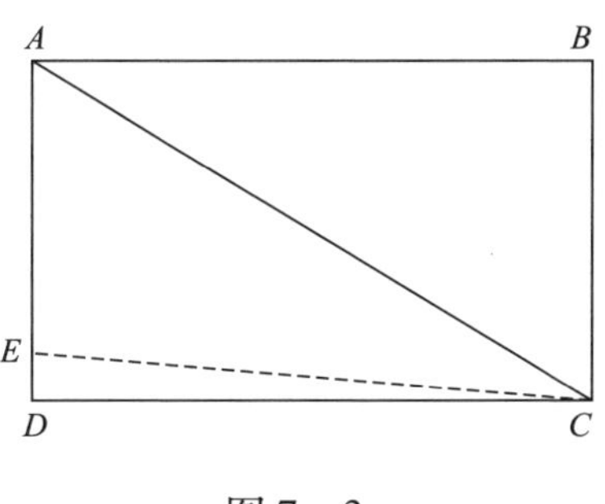

图7－3

$$\begin{cases}AE=CB\text{（假设）},\\ \angle EAC=\angle BCA\text{（前文已证）},\\ AC=CA\text{（公共边）},\end{cases}$$

$\therefore\ \triangle AEC\cong\triangle CBA$（边角边全等定理），

$\therefore\ \angle ACE=\angle CAB$（全等三角形的对应角相等）.

又$\because\ \angle ACD=\angle CAB$（前文已证），

$\therefore\ \angle ACE=\angle ACD$（等量代换）.

然而，由图7－3可知：$\angle ACE=\angle ACD-\angle ECD$，

$\therefore\ \angle ACE<\angle ACD$（整体大于部分）.

该结论和$\angle ACE=\angle ACD$发生了矛盾，当点E在AD延长线上时，同理可证矛盾，所以我们的假设$AD\neq BC$是错误的，$\therefore AD=BC$.

通过上述证明过程，我们得到了两个结论：第一，平行线之间的距离处处相等；第二，两角及其夹边对应相等的两个三角形全等，该定理是三角形全等的最后一个重要的判定定理，简称“角边角”或ASA.

掌握了角边角定理后，我们还很容易得到一个推论：只要两个三角形有两个角对应相等，一条对应边对应相等，这两个三角形就是全等的．因为三角形只有三个角，而且这三角相加等于180°，如果有任意两个角都对应相等了，那第三对角自然也就相等了，因此，只要知道任何两个角对应相等了，就等于知道所有角都对应相等了，在这种情况下，随便再有一组对应边相等，就可以证明两个三角形全等了，这个推论又叫“角角边”，简称AAS.

截至目前，三角形全等的判定定理一共有四个，分别是三边对应相等（SSS）、边角边（SAS）、角边角（ASA）、角角边（AAS）．那么，怎么样才能快速掌握这么多定理呢？很简单，首先我们要知道，要证明三角形全等至少要有一组对边相等，如果没边只有角是绝对不行的，然后我们再找其他的条件，除了边边角这个条件不行之外，其他条件只要凑齐了三个，全等就一定没问题了．如果记不住怎么样行，我们就记住怎么样不行．怎么样不行呢？没有边不行，边边角也不行．除此之外，只要凑足三个条件，全都可以证明．

接下来我们就讨论角平分线的问题．角平分线上的点到角的两边的距离相等，用的就是角角边的定理．如图7－4所示，在上下两个三角形中：角平分线是一条公共边，被角平分线分开的两个

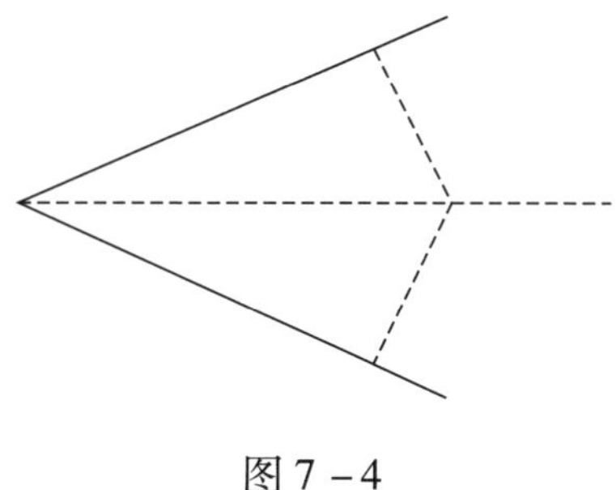

图 7－4

角是一组对应角，同时角平分线上的点到两边的距离是两条垂线，因此两个直角也是对应相等的，于是，我们就凑齐了角角边的条件，也就知道上下两个三角形全等了，所以角平分线上的点到角的两边距离相等.

平行线之间的距离处处相等的定理，可以帮我们处理任意形状的面积问题.

◎ 面积定理：掌握世界上所有图形的变换方法

在前文中，我们提到了三角形全等的最后一个判定定理角边角，而且我们还知道了平行线之间的距离不变. 那么，这个定理又能提供给我们哪些帮助呢？我们又是证全等，又是尺规作图，研究了这么久，却仍然只能证明两个全等的图形面积相等. 如果是不一样的图形，我们怎么知道它们的面积是不是相等呢？接下来我们就来讨论这个问题.

我们在小学阶段就曾经学过，平行四边形的面积等于底乘以高，三角形的面积等于底乘高除以 2. 那么，只要我们证明了平行线之间的距离不变，就可以知道，夹在两条平行线之间的任意形状的平行四边形，高度都是相同的，因此只要它们的底边相同，面积也就是相等的．同理，三角形的面积是平行四边形的一半，平行四边形面积不变，三角形的面积当然也是不变的．不过，通过底乘高计算面积的方式，那是小学数学的方式，而几何学是没有数字的数学．所以，要通过标准的逻辑推理来证明，夹在两条平行线之间的同底的平行四边形为什么面积相等．就是要在不知道平行四边形的面积是多少，甚至不知道平行四边形的面积公式怎么计算的情况下，证明它们的面积是相等的，这也恰好就是几何学的魅力所在．

如图7－5所示，AB 和 DE 是两条相互平行的直线，而四边形 $ABCD$ 和 $ABEF$ 就是夹在这两条平行线之间的两个平行四边形，它们有一个共同的底边 AB. 现在我们要证明的是：▱$ABCD$ 的面积等于▱$ABEF$ 的面积．如果不能利用底乘高的公式，要证明这个问题，我们就必须要回归到面积的本质：

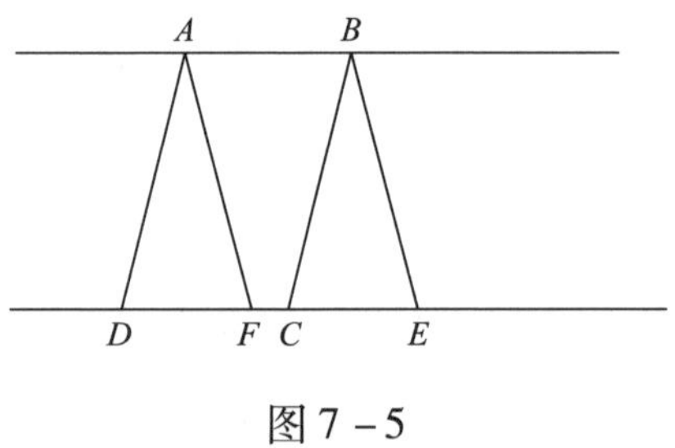

图7－5

面积就是图形的大小，我们要证明这两个图形的面积相等，就是证明它们的大小相同，然而，这两个四边形的形状却是不相同的，直接对比得不到结果，我们就只能借助其他图形的帮助．根据《几何原本》的基本公理，我们知道，等量加等量和相等，等量减等量差也相等．那么这两条公理有哪一条是可以利用的呢？我们考虑通过等量减等量的方式去寻找答案，那么这两个四边形可否由同一个形状裁剪出来呢？显然，图示呈现给了我们一个梯形 $ABED$，我们在这个梯形中裁剪掉右侧的 $\triangle BEC$ 就可以得到左侧的平行四边形 $ABCD$；在梯形中裁剪掉左侧的 $\triangle ADF$ 就可以得到右侧的平行四边形 $ABEF$. 因此，只要我们证明了被裁减下去的两个三角形 $\triangle BEC$ 和 $\triangle ADF$ 全等，就可以知道这两个平行四边形的面积是相等的. 按此思路，得到完整的证明过程如下：

$\because$ 四边形 $ABCD$ 是平行四边形，

$\therefore AD=BC$，$AB=DC$（平行四边形的对边相等）.

$\because$ 四边形 $ABEF$ 是平行四边形，

$\therefore AF=BE$，$AB=EF$（平行四边形的对边相等）.

$\because DC$ 和 EF 都等于 AB，

$\therefore DC=EF$（等量代换）.

$\because DC=DF+FC$，$FE=FC+CE$（整体等于部分之和），

$\therefore DF=DC-FC=EF-FC=CE$（等式变形）.

在 $\triangle ADF$ 和 $\triangle BCE$ 中：

$$\begin{cases} AD=BC, \\ AF=BE, \\ DF=CE, \end{cases}$$

$\therefore \triangle ADF \cong \triangle BCE$（三边对应相等）.

$\because S_{\square ABCD}=S_{梯形ABED}-S_{\triangle BCE}$，

$S_{\square ABEF}=S_{梯形ABED}-S_{\triangle ADF}$，

$\therefore S_{\square ABCD}=S_{\square ABEF}$（等量减等量，差相等）.

梯形的面积减去两个全等的三角形面积之后，剩下的平行四

边形的面积，一定是相等的．就这样，我们终于找到了一对不全等的图形，面积也是相等的．而且，还是在我们不知道这两个图形的面积是多少的情况下得到的．

于是我们知道，当一个平行四边形的底边被固定在两条平行线之间后，平行四边形的另外两条侧边就可以在两条平行线之间摆来摆去，无论它的形状怎么变化，无论它扭曲成什么样子，只要高度不变，它的面积也总是保持不变的．在所有平行四边形中，最典型的就是四个角都是直角的矩形．当平行四边形扭转成矩形的时候，它的底边就变成了长方形的长，它的高度就变成了长方形的宽，因此平行四边形的面积才可以通过底乘以高来表示．从而我们知道，靠底乘高来计算平行四边形的面积的方法只是这个定理的一个推论、一个特例而已．

那么，卡在平行线之间的，同底边的三角形面积呢？因为三角形的面积是平行四边形面积的一半，由于平行四边形面积相等，所以呢，三角形的面积也就应该相等了．不过，我们还是有必要解释一下，为什么三角形的面积等于平行四边形面积的一半．

由于平行四边形的两组对边相等，如果在平行四边形内增加一条对角线［如图7－6（1）所示］，就可以看到：平行四边形被分割成了两个三角形，在这两个三角形中：外边的两条边对应相

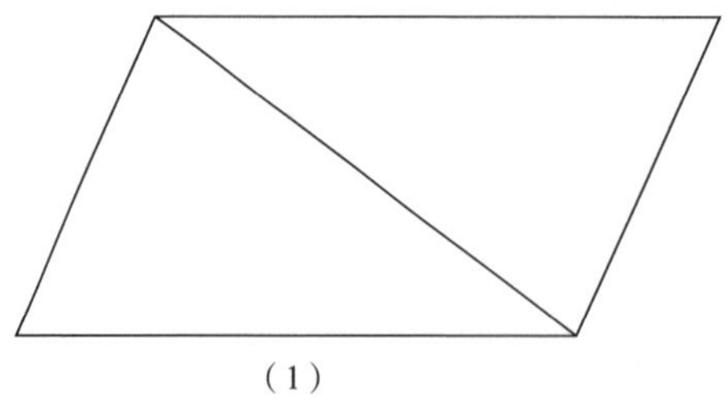
（1）

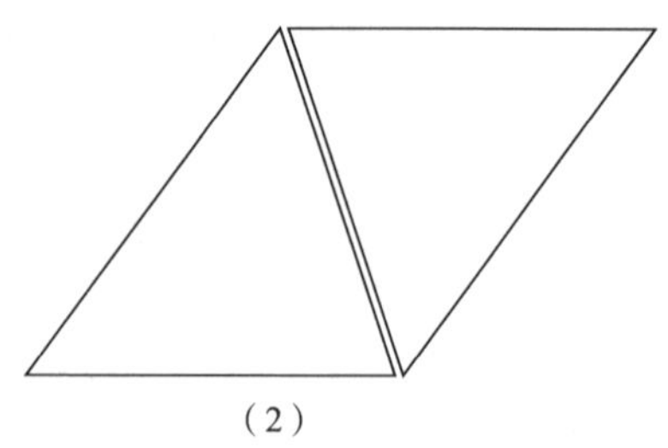
（2）

图7－6

等，中间又是一个公共边，由于三组对边分别相等，所以这两个三角形必然全等，因此三角形的面积当然就是平行四边形面积的一半了．

同样，如果我们从一个三角形出发，也可以作出一个面积增大了一倍的平行四边形，当一个三角形尖朝上放置时，我们只要把这个三角形复制一遍再倒转 180°，尖朝下和这个三角形拼在一起，就可以完美地拼成一个平行四边形．［如图 7－6（2）所示］因此，我们可以知道，三角形的面积当然就是平行四边形面积的一半了．卡在两个平行线之间的同底边的三角形面积相等．

那么，明白了等底等高的三角形面积不变之后，又会给我们哪些帮助呢？古埃及的土地形状又不是都是等底等高的．实际上，一旦我们懂得了三角形面积变换的方法，就掌握了世界上所有图形的变换方法，通过这个方法，我们不仅可以把平行四边形变成矩形，我们还可以把梯形变成平行四边形，把任意四边形变成梯形，把任意的多边形变成四边形．这就意味着，我们就可以在保持面积不变的条件下，进行任意形状的图形变换，那么，这个变换过程具体又该怎么操作呢？

◎ 保持面积相等的转换规律：角边角判定定理

世界上的所有事物，都在不同之中蕴含着相同的哲理，都在变化之中蕴含着不变的规律．数字的加减乘除是如此，几何的图形变换也是如此．当我们理解了同底等高的三角形面积不变以后，我们就可以进行更加复杂的图形变换，接下来我们就研究一个梯形如何变换为平行四边形．

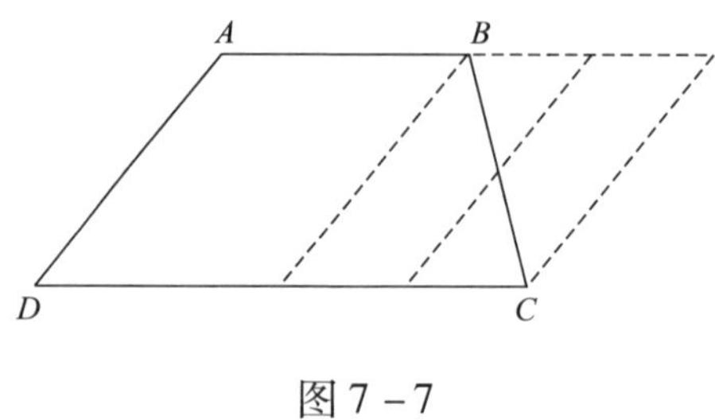

图 7－7

如图 7－7 所示，现有任意一个梯形 $ABCD$，其中 $AB /\!/ CD$，现在需要我们把它转变为一个等面积的平行四边形．下面我们先来分析一下：首先，梯形和平行四边形的唯一区别在于，梯形只有一组对边平行，它的两条腰 AD 和 BC 是不平行的，而平行四边形的两组对边都互相平行，因此要想把它变为平行四边形，就需要我们把它的其中一条腰扭转一下，扭转到和另一条腰平行的状态，那么我从什么位置执行扭转的动作呢？由于梯形的下底 DC 比较长，因此我们若从 B 点作一条和 AD 平行的直线，就能产生一个平行四边形，但是这样就会把梯形的右下角砍掉一个三角形，这样一来，剩下的面积就和梯形的面积不相等了，同样，如果我们从下边的 C 点作一条平行线，也就会在它的右上角多出一个三角形来，同样不满足要求．

上下两个顶点都不行，因此，我们就只能从 BC 的正中心作一条 AD 的平行线，这样一来，梯形的右上角多出了一个小三角形，右下角又减去了一个小三角形，这两个小三角形又是一对全等三角形，它们的面积又是相同的，因此，这个四边形的面积就是在梯形的基础上，分别加减了同一个面积的结果，所以，它的面积就等于梯形的面积了．以下是具体的操作步骤：（如图 7－8 所示）

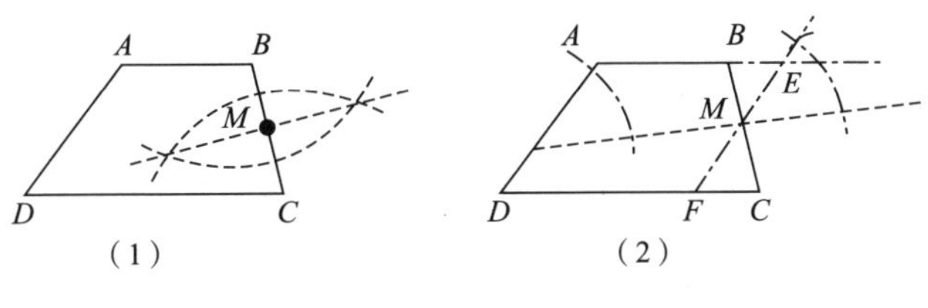

图 7 - 8

第一步，作 BC 的垂直平分线，交 BC 于点 M；

第二步，过点 M 作 AD 的平行线 EF，交 AB 的延长线于点 E，交 CD 于点 F. 平行四边形 $AEFD$ 即为所求.

以下给出简要证明过程：

在 $\triangle CMF$ 和 $\triangle BME$ 中：

$$\begin{cases} \angle CMF = \angle BME \text{（对顶角相等），} \\ MB = MC \text{（中垂线的性质），} \\ \angle MBE = \angle MCF \text{（两直线平行，内错角相等），} \end{cases}$$

$\therefore \triangle CMF \cong \triangle BME$（角边角定理）.

$\because S_{\square AEFD} = S_{\text{梯形}ABCD} - S_{\triangle CMF} + S_{\triangle BMC}$，

$\therefore S_{\square AEFD} = S_{\text{梯形}ABCD}$.

以上就是把梯形转变成等面积平行四边形的转换方法．通过这种方法，我们就可以比较任意梯形和平行四边形的面积大小；同时由于我们掌握了平行四边形和矩形的转换方法，因此只要再经过一次变换，就把任何一个梯形转换为等面积的长方形．那么如果土地的形状不是梯形，而是一个四边都不平行不相等的任意四边形呢？接下来，我们就把一个任意形状的四边形转变为等面积的梯形.

如图 7 - 9 所示，任意四边形 $ABCD$ 没有任何一组边相互平行，现在，我们需要把这个四边形转变为一个等面积的梯形. 由于梯形上下底是平行的，因此，我们只需要把上边 AB 扭转一下，让它保持和 DC 平行就可以了. 显然，无论是在 A 点还是在 B 点扭曲，都会导致面积的改变，由于 AD 和 BC 并不平行，因此，即使我们想在 AB 的中点来完成这次扭转，仍然无法得到所需的结果. 因此，要想完成这次转换，必须另辟蹊径. 根据前文中学的图形变化的定理我们知道，夹在两条平行线之间的同底的三角形是可以任意变形的. 因此，可以尝试利用这个定理来完成这次转换：

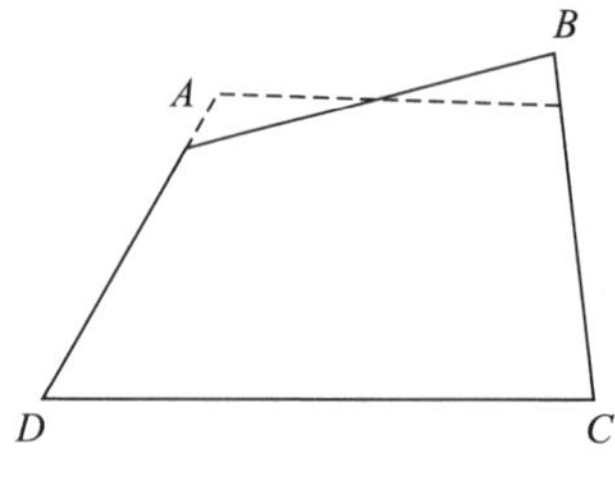

注：由于AD和BC不是平行关系，因此即使从AB的中点作平行线，得到的两个三角形的面积仍然不是全等的，因此这种思路是错误的.

图 7 - 9

首先连结 AC，通过这条对角线把四边形切分成两个部分，由于要扭转的是上底 AB，而这种方法不会影响下面的三角形 ADC 的面积，就可以保持 $\triangle ADC$ 的部分不变. 现在，我们就需要在 B 点的附近找到一个新的顶点 E，该顶点需要满足两个条件：第一，要把原图转换成梯形，因此必须使 $AE /\!/ DC$；第二，要保障原图形面积不变，因此需要保障新三角形 $\triangle AEC$ 的面积等于原三角形 $\triangle ABC$ 的面积. 由于在 $\triangle AEC$ 和 $\triangle ABC$ 中存在公共边 AC，因此要想让两个三角形面积相同，必须使 AC 边上的高相同，而要想保证高相同，就必须让变形后的三角形和原三角形卡在两条平行线之间，即 $BE /\!/ AC$. 通过上述分析，我们理清了思路，于是得到如下的过

程：（如图 7－10 所示）

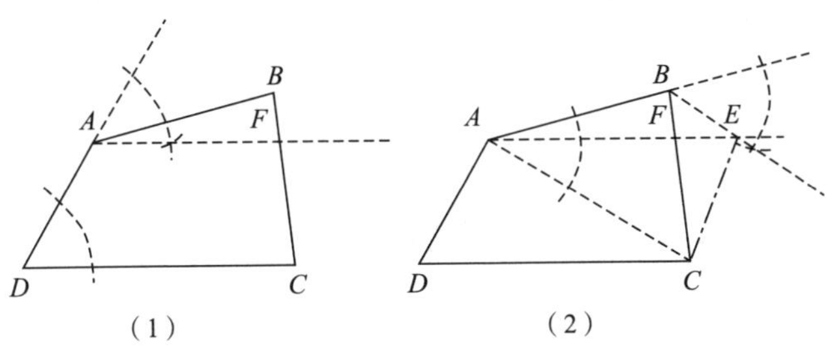

图 7－10

第一步，过 A 点作 $AF /\!/ DC$.

第二步，连结 AC，并过点 B 作 $BE /\!/ AC$，交 AF 于点 E，连结 CE，梯形 $AECD$ 即为所求 .

简要证明过程如下：

$\because BE /\!/ AC$,

$\therefore S_{\triangle AEC} = S_{\triangle ABC}$（等积三角形变换）.

$\because AE /\!/ DC$,

$\therefore$ 四边形 $AECD$ 是梯形 .

且由图示不难发现

$S_{梯形AECD} = S_{\triangle ACD} + S_{\triangle AEC} = S_{\triangle ACD} + S_{\triangle ABC} = S_{四边形ABCD}$.

因此，四边形 $AECD$ 即为所求梯形 .

最后，我们要完成等面积图形变换的最后一步，把一个任意的多边形的面积转变为四边形，一旦完成了这次转变，就可以对任意多边形的土地面积进行比较了 . 如何完成这样的转变呢？先把这个多边形盖住一部分，无论这个图形多么复杂，我们只关注其中的三条边，这三条边首尾相接，一共有四个顶点，如果我们把这四个顶点连起来，就变成了一个任意四边形．这个多边形的面积等于我们盖住的部分的面积加上四边形的面积．如果能把这个四边形变成一个等面积的三角形，就等于为多边形减少了一条边，并且保持面积不变．（如图 7－11 所示）

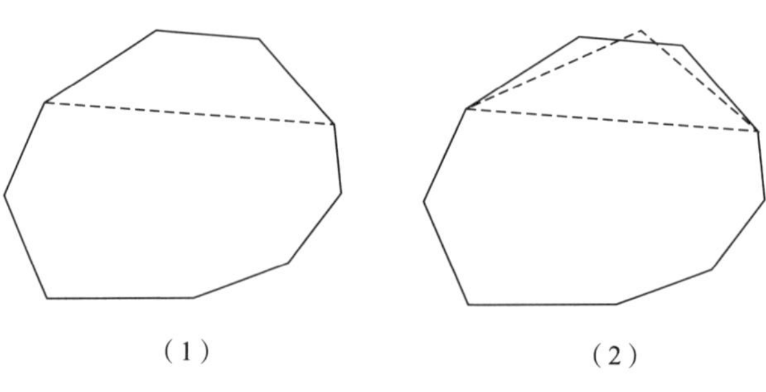

图 7－11

经过上述操作，就可以把 N 边形变为 $N-1$ 边形．因此，无论这个多边形有几条边，都可以在保持面积不变的前提下，通过不断重复上述步骤，把它变成一个任意四边形．当然，还可以把它变成梯形，变成平行四边形，最后变成长方形．整个过程能否顺利实现，就取决于一开始的假设能否成立，也就是说，能否把一个任意四边形，变成一个等面积的三角形．接下来，我们就重点突击这个难题．

如图 7－12 所示，有一个任意四边形 $ABCD$，要求把它转变为一个等面积的三角形．我们可以保持 CD 不变，只需要在 AB 的上方找一点 E，使 $\triangle ECD$ 的面积等于四边形 $ABCD$ 即可，使用平行线等面积变换的定理就可以完成这一过程：

第一步，连结 AD，目的是保持 $\triangle ACD$ 的面积不变；

过 B 点作 AD 的平行线 BF，在 BF 和 AD 这两条平行线之

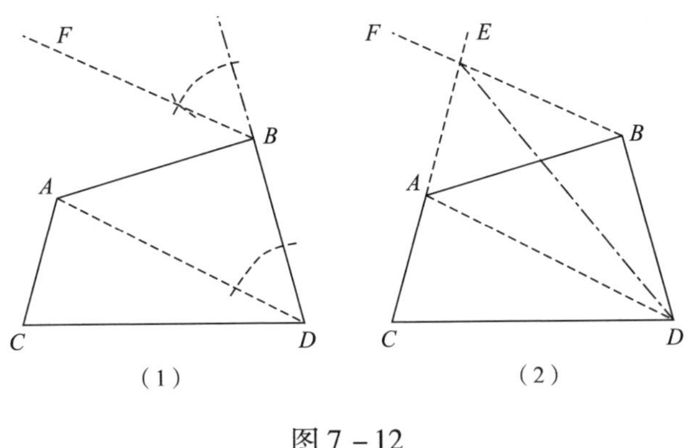

图7－12

间，作出一个$\triangle AED$，使$\triangle AED$的面积和$\triangle ABD$相等.

第二步，延长CA，使CA和BF产生一个交点E，最后连结ED，$\triangle ECD$即为所求.

证明过程如下：

$\because BF /\!/ AD$（作图所得），

$\therefore S_{\triangle AED}=S_{\triangle ABD}$（夹在平行线内的同底等高的三角形面积不变），

$\therefore S_{\triangle CED}=S_{\triangle AED}+S_{\triangle CAD}=S_{\triangle ABD}+S_{\triangle CAD}=S_{\text{四边形}ABCD}$，

$\therefore \triangle ECD$即为所求.

掌握了四边形变成三角形的方法，就等于掌握了为多边形减去一条边的方法. 当我们遇到任意多边形的时候，可以先选取它的一小部分，找到三条紧邻边，把它们连接成一个四边形，再把这个四边形通过刚才的方法变换成三角形，这样多边形就减去了一条边，不断重复这种做法，就可以陆续把多边形变成四边形. 然后依次把它变成梯形、平行四边形和矩形. 这就意味着所有的多边形都能变成矩形，于是，所有图形的面积也就具备了可比性. 我们终于在千变万化的几何图形中，找到了保持面积相等的转换规律. 而所有这一切，全部来源于同底等高的三角形面积不变，又是全部来源于三角形的角边角判定定理.

边边边定理教会了我们尺规作图的加减乘除，角边角定理教会了我们保持面积不变，于是我们知道，天下图形皆出于三角形. 在学习中，也会学到平行四边形、长方形、正方形和菱形的性质定理及判定定理，但实际上，只要你轻松驾驭了三角形的判定定理，四边形的定理全部可以举一反三地去理解，轻而易举地运用.

八

几何证明的思路

◎ 双向思考：任何一种固定的解题思路都是靠不住的

初中数学的难点主要有两个：一个是代数中的因式分解；另一个就是几何中的证明．原因很简单，这两类问题都没有一个固定的解题思路，只能利用“发散思维”来解决．所谓发散思维就是不能“一条道走到黑”，必须多方面、多角度去尝试，最后指不定通过哪条路线能解决问题．而与之相对的另一种思维方式就叫线性思维．能用线性思维解决的问题都有相对固定的套路．

比如我们在解方程的时候，不管它是二元一次方程，还是一元二次方程，不管题目多么复杂，都可以按照移项、合并同类项、消除系数、套用公式这些步骤，即使你采用了一条道走到黑的方法，也能解决．线性思维不一定就是走直线，偶尔也会拐个弯，但是基本没有别的岔道口可走，只要顺着路线拐过去就行了，就像在铁路或者高速公路上行驶一样，只要顺着道走下去，一定不会跑偏.

可是几何证明不行，你走不了多远，就得退回来看看，判断一下是否能够通过其他方法解决，试了一下不行，就再接着返回去，走得更远一点. 没错，几何证明题就有这个特点，任何一种固定的解题思路都是靠不住的，解决所有的几何证明题都只能依靠发散的思维. 了解了几何证明题的这种特点，我们就应该知道，解决所有证明题没有什么特殊的高招，根本方法还是：不断试错、不断修正、笔耕不辍、其解自得. 必须不停笔地反复在纸上推演计算，不断地列出条件，不断地推导证明，不断地试错，不断地修正. 但是，几何的定理那么多，题目的条件又那么复杂，应该从哪儿下手呢？解决几何证明题有两种基本思路：正向思维和逆向思维.

正向思维，就是根据题目给出的条件和我们头脑中的相关定理，逐步推导出最终结论，如果一次推导不出来，那就继续往下推导；逆向思维，就是先看结论，分析一下要想满足这个结论需要用到什么定理，需要凑齐哪些条件，然后结合题意继续追问，这些条件又需要哪些其他条件才能满足. 当几何题比较复杂的时候，常常需要把这两种思路结合起来，正向推导不行，就逆向推导试试，两边凑一凑，条件就越凑越多，什么时候凑齐了，这题目也就证明出来了. 这就像挖山体隧道一样，在一座大山的两侧一起开工，什么时候接上头了，什么时候就算通了. 不过，如果你的两条思路没碰上头，都把山体给挖通了，那也没关系，并且我就要恭喜你，终于学会一题多解了.

正向思维和逆向思维要求我们，必须把所有的知识点通过各种不同的方式进行归纳总结．比如，三角形全等的判定方法有多少，必须有“边角边”“角边角”“角角边”和“边边边”．证明一个角等于另一个角有几种证明方法？如果只能回答出来三角形全等，就忘了平行线也能证明，等腰三角形的“三线合一”也能证明．要想快速解决几何问题，就必须经常把这些定理翻来覆去地用，不但要知道给你什么条件能证明什么结论，还应该知道，想要证明什么结论可能用到哪些定理．

如图 8－1 所示，有一个普通的三角形 ABC，已知其中的两条边 $AC>AB$，M 是 BC 的中点．求证：顶点 A 附近的两个角 $\angle CAM<\angle BAM$.

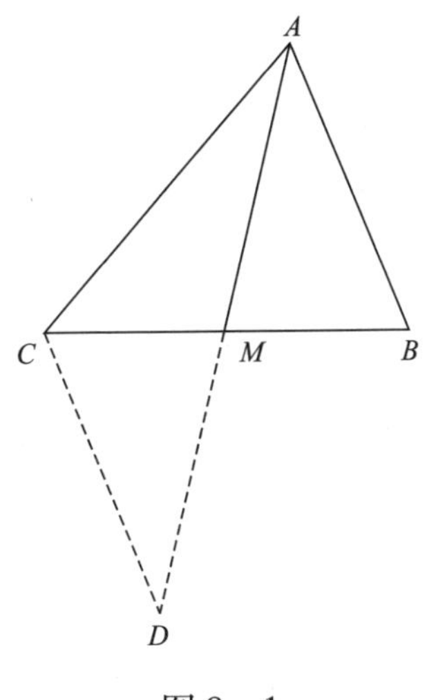

图 8－1

首先尝试一下正向的推导：大三角形被分成了两个小三角形，这两个小三角形的底边相等，中间的公共边也相等，但是，左右的两条边不相等，所以想证明全等那是不可能了．题目指出 $AC>AB$，根据大边对大角不难得出：$\angle B>\angle C$. 但是题目没让我们比较这两个角的大小，要比较的是上头那两个小角的大小．正向思维走不通了，应该试试逆向思维.

想要比较两个角的大小，有哪些定理呢？大边对大角可以，但是这两个角只能位于一个三角形内才可以，我们比较的是两个三角形的顶角，用不上这个定理. 除此之外，还可以使用整体大于局部的公理，如果角和角之间有加减关系也可以比较它们的大小. 比如，在大角的内部，我要是能裁剪出一个角等于那个小角，就能证明它更大. 但是很遗憾，由于其他角度也不相同，我们没法儿作出一个全等三角形来. 于是还只能返回去，再仔细研究一下第一种思路.

既然大边对大角要求这两个角在同一个三角形里，能不能考虑一下某个角，把这两个角移动到一个三角形里去呢？现在两个三角形的底边不是相等吗，我们就可以在这个底边的底下接出一个三角形来，让它和其中一个三角形全等！于是我们就得到了完整的证明过程：

首先，延长 AM 至 D，使得 $MD=AM$，连结 CD，于是，在 $\triangle AMB$ 和 $\triangle DMC$ 中：

$$\begin{cases} MB=MC\text{（已知）}, \\ \angle CMD=\angle BMA\text{（对顶角相等）}, \\ MD=MA\text{（作图所得）}, \end{cases}$$

$\therefore \triangle AMB \cong \triangle DMC$（边角边定理），

$\therefore CD=AB$，$\angle MDC=\angle MAB$（全等三角形的对应也相等，对应角相等）.

$\because AC>AB$（已知），

$\therefore AC>CD$（等量代换），

$\therefore \angle MDC > \angle CAM$（大边对大角）.

又$\because \angle MAB = \angle MDC$（已证），

$\therefore \angle MAB > \angle CAM$（等量代换）.

以上，我们结合了顺逆两种思维方式，证明了这道题目．在解题过程中，我们还用到了辅助线的帮助．那么几何证明题还有哪些点要注意呢？

◎ 动态看图：迅速找到核心内容

在此介绍一下几何证明的第二个要点：动态看图．所谓动态看图，有两层含义：

第一是避免机械地、静态地看图，避免发生误会．我们知道，几乎所有的几何证明题都要依赖于图形，图形可以让我们直观地看到题目中的条件．同时，看图的时候，也容易发生误会．

什么样的误会呢？比如有两个角明明在已知条件中是不相等的，可是因为图形中两者相差很小，做题时就很容易发生误会，把两个角相等当作一个已知条件去用．其他条件也是类似的：两边的长度容易看错，两条直线垂直、平行也容易看错，甚至两个三角形全等也很容易看错．如何解决这类问题呢？必须多画几张图．

几何学研究的是没有数字的数学．绝大多数证明题都可以画出无数张图来，比如：题目让你证明三角形的内角和等于 $180°$，你画一个什么模样的三角形都可以，第一次画个锐角三角形，第二次就画个直角三角形．如果一个题目很复杂，常常要画十几张图才能解决，因为我还得经常在图上勾勾画画：两个角相等需要做标记，两边相等也需要做标记，还会时不时地增加两条辅助线，很快一张图变得乱七八糟了，此时只要再画一张就可以了．而且，为了避免发生误会，我们在画每一张图的时候，最好和上一张有所区别，无论是长度还是角度，稍微改变一点，效果就不同了．解题思路往往在画图的过程中就找到了．这是因为，虽然我们画的每张图都不同，但是在其中总是有相同的东西，当我们回顾这些内容的时候，往往就会捕捉到那些最有价值的相同点，最终的解题思路就找到了．

对于第一层意思，还可以用另一种方式来解释——我们可以用运动的观点去看图．虽然几何图形本身是静态的，但是我们要知道，图形中哪些部分是可以活动的，哪些地方是不能动的，这样的思维方式相当于把图形上的点和线，想象成了钉在一起的棍子，如果棍子的长度可以变化，还可以把它想象成橡皮筋．如果在头脑中能把静态的图转变成动态图，就能迅速捕捉到隐藏在变化中的静止不变的核心内容．这就是动态看图的第一层意思．

动态看图的第二层意思是，要把图形中相等的部分或者全等的部分，想象成动态运动的结果．由第一公理可知：相互覆盖的两个图形全等．从这个公理出发，不妨这样理解：两个全等的图形就是一个东西被挪到了另一个位置．比如：平行线里的同位角，就可以看作是其中一个角沿着一条直线平移到另一个地方去的结果，小学的时候就是通过平移三角板的方式来画平行线的．同时，两个对顶角也可以理解为是原来的角在顶点不变的条件下，旋转了180°得到的．在等腰三角形中，可以把垂线、中线、角平分线三线合一的结果，当作等腰三角形的一个对称轴，将它的一半翻转

180°，就可以得到另一半．以上这些方法，就是动态看图的第二层含义．（如图 8－2 所示）

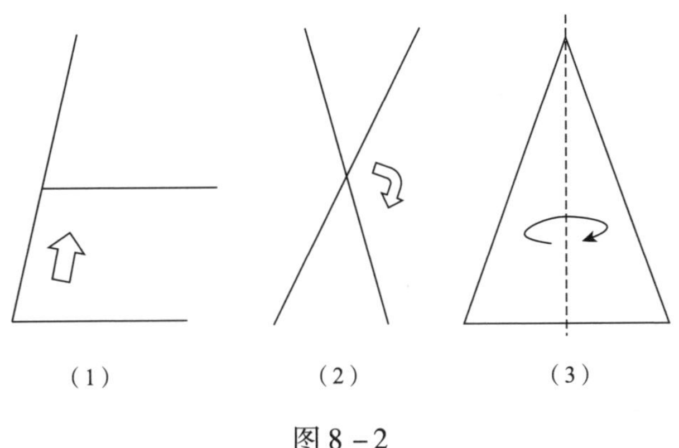

图 8－2

如果我们看到的几何图形符合平移、旋转和翻转的关系，就可以认为这两个图形全等．不过要注意一点，这种方式只是为了帮助我们快速理解问题、寻找思路．在几何学里并没有所谓的“平移定理”“对称定理”和“旋转定理”，即使通过这种方式发现了三角形全等，仍然需要用三角形的那几条定理去证明，只不过通过动态看图的方式，可以快速发现图形关系．

接下来，我们继续分析一个证明题：如图 8－3 所示，在梯形 $ABCD$ 中，$AB\parallel CD$，AE 平分 $\angle DAB$，DE 平分 $\angle ADC$，且 AE、DE

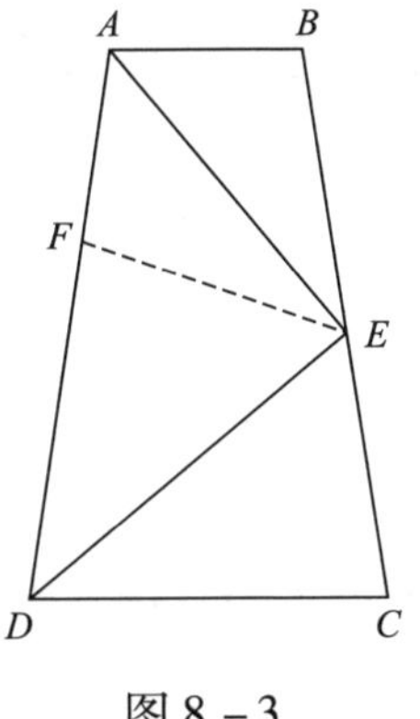

图 8－3

的交点 E 恰好处于 BC 上，求证：$AD=AB+DC$.

如果你在纸面上画出这张图来，就会发现，这个过程并不容易：要想让左边这两个角的平分线相交以后，交点正好在右边的腰上，相当复杂．我们在画图的时候，不能先画好了梯形，再去作角平分线，而应该先把左边的部分全部画好了，两条角平分线也画出来了，最后再经过角平分线的交点，去画出右边的那条腰．当然，右边的腰画歪点没关系，只要它经过平分线的交点就是符合题意的．为什么要讨论画图的过程呢？因为这就是在动态看图．在这个图中，梯形上下底平行是必须的，角平分线是必须的，其他的元素则可以见机行事．

一看见角平分线，我们就应该产生让图形运动起来的想法了．怎么运动呢？翻转！既然是角被平分了，那么我们把它翻转过来，肯定是可以重合的，于是我们就可以在平分线的另一侧，作出一个全等的图形来，具体的证明过程如下：

在 AD 上截取一点 F，使 $AF=AB$（这样我们就找到了 B 的一个对称点），连结 EF，在△AFE 和△ABE 中：

$$\begin{cases} AF=AB\text{（作图所得）}, \\ \angle EAF=\angle EAB\text{（角平分线的定义）}, \\ AE=AE\text{（公共边）}, \end{cases}$$

$\therefore \triangle AFE\cong\triangle ABE$（边角边），

$\therefore \angle AFE=\angle B$（全等三角形的对应角相等）.

$\because AB/\!/CD$（已知），

$\therefore \angle B+\angle C=180^\circ$（两直线平行，同旁内角互补），

$\therefore \angle C=180^\circ-\angle B=180^\circ-\angle AFE$,

又∵ $\angle DFE=180^\circ-\angle AFE$，

∴ $\angle DFE=\angle C$.

在$\triangle DEF$和$\triangle DEC$中：

$$\begin{cases}\angle EDC=\angle EDF\text{（角平分线的定义）},\\ ED=ED\text{（公共边）},\\ \angle DFE=\angle DCE,\end{cases}$$

∴ $\triangle DEF\cong\triangle DEC$（角边角），

∴ $DF=DC$（全等三角形的对应边相等），

∴ $AD=AF+DF=AB+DC$（等量代换）.

九

图形缩放

◎ 相似定理，你必须知道这三点

任何一个几何图形在经过了平移、旋转和翻转以后，图形的位置角度都会发生变化，但是最终得到的仍会是和原来的图形全等的图形．除了这些变换之外，日常生活中常见的还有另一类变换——图形的缩放．

平时在手机上看照片的时候是不是经常要放大缩小呢？开车看导航的时候是不是也得进行缩放呢？更重要的是，当我们决定动手做个东西的时候，往往也需要先在纸上做出一个小样来，试验成功了以后，才能用实际材料把它放大了做出来．所有这些都是在利用图形缩放的相关知识．图形缩放是我们最常用的几何知识，当我们把一个图形放大或者缩小了以后，它的大小就发生了改变，但它的形状却仍然保持不变．在几何学上，我们把大小不同、形状相同的两个图形叫作相似图形．

相似图形最基本的性质是，两个图形所有的对应角的大小相等，所有的对应边的长度成比例．最典型的例子就是：地图上的街道和实际的街道是相似的，因而每个地图都会有一个统一的比例尺．如果想要知道两地之间的实际距离，只需要拿着刻度尺测量一下地图上两点间的距离，然后乘以缩小的比例，最后得到的就是两地之间的真实距离．机械和建筑的设计图也是类似的道理，设计图上的所有尺寸和实际物体的真实尺寸之间总会保持一个稳定的比例．

是不是只要两个图形对应角相等，它们的对应边就一定成比例呢？不对！以长方形和正方形为例，它们的所有角度都是 $90°$，应该说都是对应相等的，但是长方形长和宽的比例与正方形边长的比例，就不是对应成比例的．必须要研究一下，如何判断两个图形是否相似．

把两个相似的三角形叠放到一起，看看会出现什么现象．如图 9 – 1 所示：我们把大三角形 ABC 和小三角形 $AB'C'$ 放到了一起，其中 $\angle A$ 是重合的，由于边长不相等，所以底边 BC 和 $B'C'$ 肯定是不重合的．

因为这两个三角形是相似的，所以它们的三个角都是对应相等的，即 $\angle A=\angle A$，$\angle B=\angle B'$，$\angle C=\angle C'$. 由于 $\angle B$ 和 $\angle B'$ 是同位角的关系，所以我们不难发现，两个三角形的底边 BC 和 $B'C'$ 是平行的关系．而且由于两个三角形相似，我们还可以知道，它们的对应边是成比例的，也就是 $AB:AB'=AC:AC'=BC:BC'$.

也就是说，经过中间的一组平行线分割，得到的左右两边的

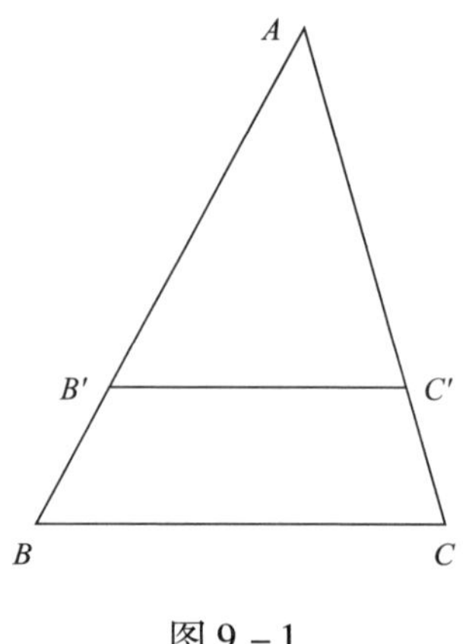

图 9－1

线段对应成比例．切出的三角形也是相似三角形．这就是相似图形的一个最重要的定理，线段被平行线所截以后，对应边成比例．不过上述过程并不是一个严格的证明．这个相似图形里头的学问，大部分还不在于定理证明，而在于它在实际生活中的运用．除了地图和设计图之外，在实际生活中，更多的是利用相似定理做测量．例如：

面前有几百米长的一条笔直的道路，但是手里只有 100 米的皮尺，现在我们要测量整个道路的长度，可以采用分段测量然后求和的方法．但是如果不想那么麻烦，还有更简单的办法：从道路的一头垂直地拉着皮尺走出 100 米，然后站在这儿不动，看一下，道路的另一端在哪个方向？瞄准了那个方向以后，在土地上画上一条直线，这样，就在道路的两个端点及你站的位置之间形成了一个直角三角形．然后，我们只需要再作出一个和它相似的小三角形来，测量一下这个小三角形对应边的尺寸，然后再按照比例放大就成了．

具体怎么作相似三角形呢？我们知道，两条平行线就能截出两个相似三角形来，可以在测量土地的皮尺这条直线上，作一条

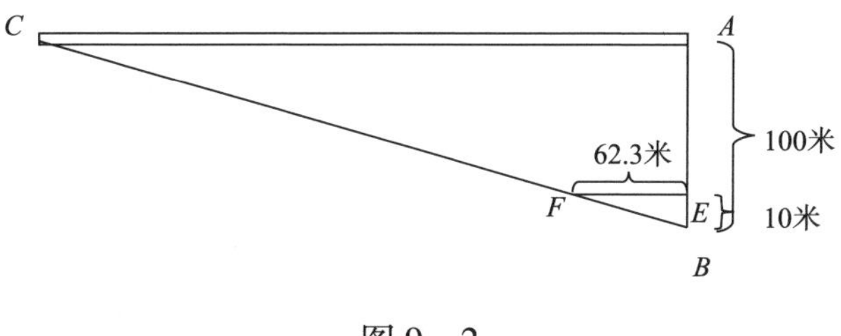

图 9－2

和道路平行的直线．具体作法如图 9－2 所示：假设我们要测量的道路为 AC，现在我们引出来的 100 米的皮尺为 AB，现在我们找到 AB 上距离 B 点 10 米远的一点 E，过 E 点作一条 AB 的垂线 EF 交 BC 于点 F，由于 EF 和 AC 都是垂直于 AB 的，所以 $EF // AC$，因此 $\triangle BEF$ 和 $\triangle BAC$ 就是相似的关系，对应边成比例．即 $EF : AC = BE : BA$，由于 BE 和 BA 都是已知的，所以我们只需要测量出 EF 的距离，按比例放大就可以得知 AC 的长度，假设 EF 的距离是 62.3 米，那么：

$$
\begin{aligned}
AC &= EF \times BA \div BE \\
&= 62.3 \times 100 \div 10 \\
&= 623\ (\text{米})
\end{aligned}
$$

目前，该方法仍然是工程测量中的标准方法，只不过在工程师进行实际测量时不需要皮尺，而是用更为先进的激光测距仪．但不管使用什么样的工具，只要物体的实际尺寸没法直接测量，就必须要用相似三角形的原理来推算．利用这个原理还有没有什么更简单的办法，让我们大致估算一下距离呢？在影视节目中，侦察兵偶尔会握紧拳头，伸出一个手指来做距离测绘（如图 9－3 所示）．他只要用自己的左眼和右眼分别观察一下被测物体，看一下自己拇指落在什么位置上，就能大致地知道目标的远近，这其中利用的也是相似定理．因为，拇指和左右两只眼睛形成了一个三角形；同时，当他用一只眼睛看的时候，这个拇指落在相应的一个位置上，又利用了光沿直线传播的道理，两只眼睛分别看过去，就等于作了两条光线，于是就在观察者和被测物体之间形成了两个相似三角形．所以，他就可以利用等比例的这种性质，通过自己两眼宽度和拇指对应位置的宽度推算出目标距离．

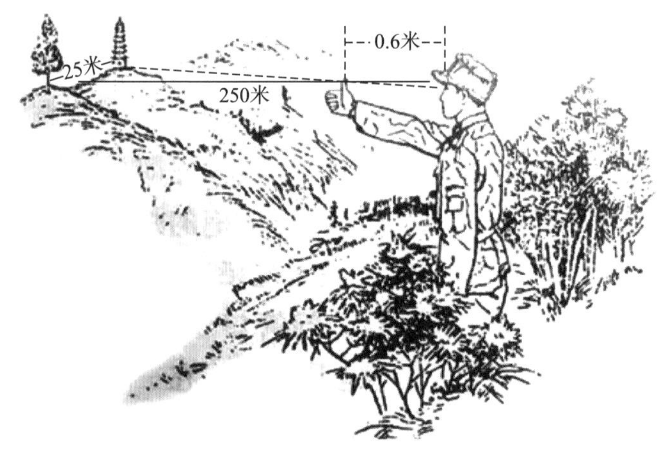

图 9 – 3

由于对应边成比例的这种性质，相似图形在实际生活中的运用非常多．在实际运用的时候，需要注意三点：第一，必须借助三角形的帮助；第二，必须借助平行线的帮助；第三，必要时最好借助光线的帮助．

◎ 判断相似三角形的三个条件

对于两个三角形而言，除了被平行线所截之外，还有哪些条件可以判定两个三角形的相似关系呢?

三角形的全等定理有四个，除了两个条件不能判定全等之外，剩下的条件只要凑齐三个就可以了．在被我们排除的两个条件之中，首先就是没有对应边不行，如果只有三个角对应相等，就无法判定两个三角形全等，因为形状一样、大小不一样的图形属于相似图形．三角形相似的第一个判定定理，就是三个角对应相等．接下来，我们再分析一下判断三角形全等的几个条件．

首先是边边边的条件，当两个三角形三边对应相等时，两者之间必然是全等关系．现在我们学了相似图形，只需要把三边相等的条件修改为三条边对应成比例，就可以判断这两个三角形相似了．

然后是边角边的条件，在判定三角形全等时，需要判断两边夹角对应相等．要判断相似是不是三个条件都换成对应成比例就可以了？不成，角度不能对应成比例，角的大小变了形状就变了，所以角度只能对应相等．于是该条件变为：两条边对应成比例，并且夹角对应相等，就可以判定两个三角形是相似的．千万不能说成对应角成比例！

接着是角边角的条件，判定全等的条件是两角夹边对应相等．现在要判断相似应该改为：两个角对应相等，并且两个角之间的夹边对应成比例吗？不需要对应成比例．

最后是角角边的条件，角角边定理中只有一条边，根本就没有对应成比例的说法．所以，压根儿就没这么一个定理．这就是说，只要知道三角形有两个角对应相等，就可以直接判定两个三角形相似．

总结一下，判断两个三角形相似的条件有三个：第一，三条边对应成比例；第二，对应边成比例，且夹角相等；第三，两个角对应相等．没错，我们用不着判断三个角相等．判定定理研究明白了，我们就用它解决个具体问题吧.

如图9－4所示，在$\triangle ABC$中，AM平分$\angle A$，求证：$MC:MB=AC:AB$.

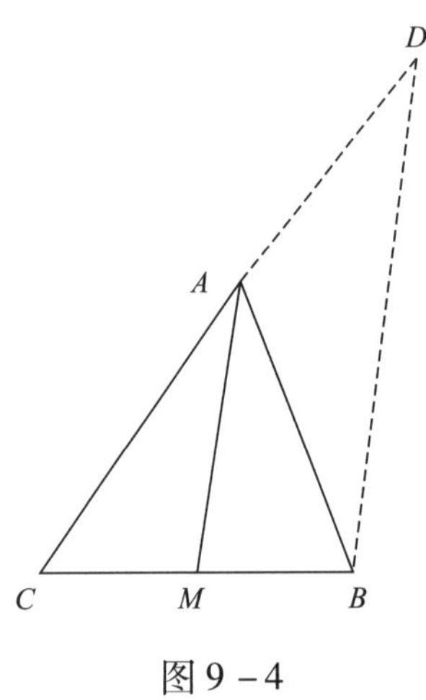

图9－4

已知条件非常简单，但结论却让我们产生了怀疑：为什么角平分线截断的两条线段和它原来三角形的夹边有比例关系呢？下面，我们就来深入分析一下：要证明边的比例关系有两种思路，一种方式是利用三角形相似原理，另一种方式就是利用平行线把线段截断，然而从图中我们看到MC和MB位于同一条直线中，但AC和AB不属于同一条直线，因此要让这两组线段对应成比例，必须进行一下图形的变换，对应的思路也就有两种：一种方式是把AB和AC转移到同一条直线上，然后和MC、MB去对比；另一种方式则是把MC、MB折断，把它们移动到一个和$\triangle ABC$相似的三角形中.

下面，我们采用第一个思路进行证明：把AC、AB转移到同一条直线上，很容易想到的办法是把AC或者AB延长，截取出与另一条边相等的一条线段来. 假设我们把CA延长至D，使$DA=AB$，比例关系就被移到了 CD 这条直线上，而我们需要证明的是 $CA:AD=CM:MB$. 要想让这组比例关系成立，则必须要求 DB 和 AM 平行，因此我们可以连结 DB. 而要证明它们两者平行，则需要内错角或同位角的帮助. 接下来我们就看一下 $\triangle ADB$ 的角度关系，由于 $AD=AB$，这个三角形的两个底角 $\angle D$ 和 $\angle ABD$ 是相等的，同时，要判断平行，我们还需要找它们的同位角或内错角. 根据图示不难发现：$\angle D$ 的同位角 $\angle CAM$ 和 $\angle ABD$ 的内错角 $\angle MAB$ 都位于 $\angle CAB$ 的内部，又因为 AM 是角平分线，所以这两个角又是相等的，所以我们终于知道这四个角全部都是彼此相等的. 以下是完整的证明过程：

$\because AD=AB$（作图所得），

$\therefore \angle D=\angle ABD$（等边对等角）.

$\because \angle D+\angle ABD=\angle CAB$（外角定理），

$\therefore 2\angle D=\angle CAB$，即 $\angle D=\frac{1}{2}\angle CAB$（等量代换）.

又 $\because \angle CAM=\frac{1}{2}\angle CAB$（角平分线的定义），

$\therefore \angle D=CAM$，

$\therefore DB/\!/AM$（同位角相等，两直线平行），

$\therefore MC:MB=AC:AD=AC:AB$（平行线截线段成比例）.

以上我们介绍了相似三角形的判定定理，需要注意的是：虽然经过平行线截断后可以产生相似三角形，但相似三角形却并不一定是被平行线截出来的. 在实际问题中经常有两个三角形翻转重叠地交织在一起的情况，由于三角形相似不像三角形全等那么直

观，必须严格地按照定理往下推演，不能只依赖于直觉．

◎ 尺规作图之乘除法

在介绍尺规作图时我们说过，几何里的尺规作图就是代数里的加减乘除．前文我们只是提到了加减法和乘法，而除法，只是研究了一下角平分线和垂直平分线的作法．我们要知道，做除法可不能只是处理 2 的倍数，如果遇到线段三等分的问题，又该如何处理呢？

要通过尺规作图处理乘除法的问题，必须要用到相似定理．相似定理又如何实现线段的三等分呢？其实，具体的操作方法还是蛮不讲理的，因为几何作图里头是绝对不允许使用刻度尺的．但是这次只能是不讲理一次了，我们要自己画一根刻度尺出来．

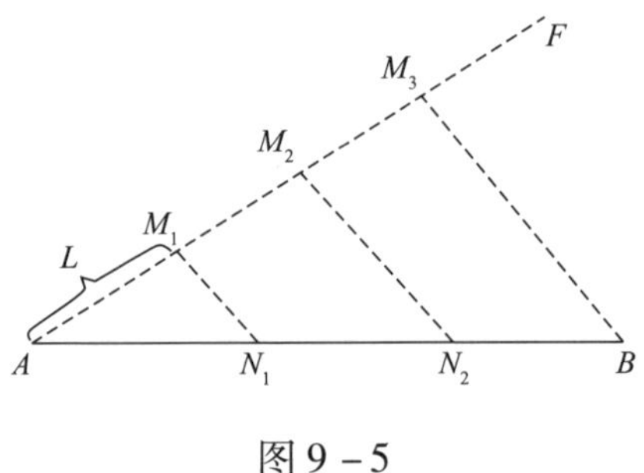

图 9－5

首先，题目给出一条线段 AB 让我们三等分，就先把这条线段复制一条出来，这个操作我们已经很熟悉了，只需要用圆规比量一下就可以了．但接下来我就不讲理了，我以这个线段的端点 A 为起点，往右上方画出一条射线 AF，然后我用圆规设定一个单位长度（可看作“1”），然后就在自己作的这条射线上依次作出三段标

记 M_1，M_2，M_3，使它们之间的间距相等．当上述操作完成后，就相当于在 AB 上方斜着放了一把刻度尺．只不过，这把尺子的刻度是随意定的．在这里摆上一把刻度尺又有什么用处呢？就是要利用相似图形的性质，把这个均匀的比例缩放到已知线段 AB 上．具体方法也很简单：先把这个刻度尺的最后一个端点 M_3 和 B 点连结起来，这样就形成了一个三角形 ABM_3. 现在只需要经过 M_1、M_2 这两个刻度点作两条平行于 BM_3 的辅助线就可以了．平行线作完以后，就会把底边 AB 均匀地切分为三段了．（如图 9－5 所示）具体操作过程如下：

第一步，过点 A 作射线 AF，任选定长 L，在 AF 上分别截取 M_1、M_2、M_3 三点，使各点之间的间隔等于 L，并连结 BM_3.

第二步，过点 M_2 作 $M_2N_2 // BM_3$，交 AB 于 N_2.

第三步，过点 M_1 作 $M_1N_1 // BM_3$，交 AB 于 N_1，N_1 和 N_2 两点即为所求．

以上，就是通过尺规作图对一条线段 N 等分的办法．这也就是通过尺规作图实现除法的标准方法，上述操作的原理非常简单，但是操作却是相对比较复杂的，而且还蛮不讲理地作了一个刻度尺．关于刻度尺的问题，还是需要解释一下：之前之所以强调不用刻度尺，表达的主要含义是不需要标准的度量衡，不需要标准的刻度尺．虽然在做除法时自己仿造了一把刻度尺，但是由于我们画的这个刻度尺的刻度是随便定的，并不是标准的尺子，所以即使现在已经把线段分割完了，我们仍然不知道线段长度是多少．因此，这和通过真的刻度尺分割的原理还是有本质区别的．

接下来，我们再研究一下如何通过尺规作图实现真正的乘法：其实，在几何学里乘法有两个含义：一个含义是指长度变化，即直接把直线的长度增加多少倍；另一个含义则是指面积变化，即让两个线段相乘，变成面积．看起来好像长乘宽很容易实现，只需要作个长方形出来就可以了．但是，现在研究的是更复杂的一种方式：不需要作长方形，只是让你画一条线段出来，使这条线段等于已知的两条线段的乘积．按道理说，长度乘以长度应该得到面积，为什么还会是长度呢？这是因为，我们可以事先规定好单位长度．它表示的含义是：根据这个单位长度“1”，判断一下给定的这两条线段分别是这个“1”的几倍，然后把它们的乘积画出来．假设其中一条线段是单位长度“1”的2倍，另一条线段是其长度的3倍．那么，只要画出来的线长是它的6倍就可以了．但问题在于，两条线段是任意给定的，根本就不是单位长度的整数倍，那么，我们应该如何实现线段的乘积呢？同样需要用相似原理！

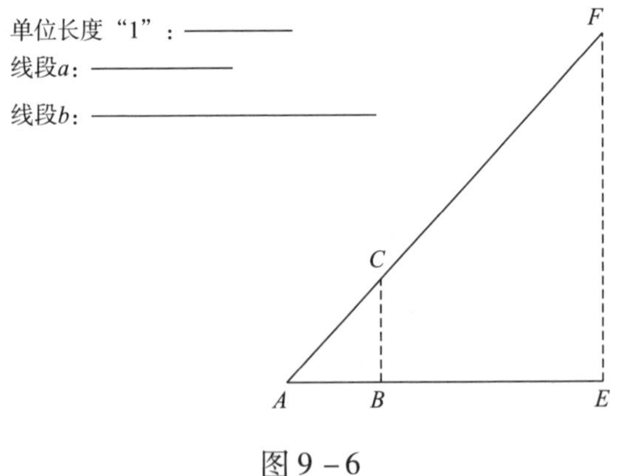

图9－6

题目给定的三条线段如图9－6所示：求作一条线段c，使线段c的长度满足$c=a\times b$．由题意得知，a、b、c三条线段的比例关系为$c:b=a:1$，所以我们可以把单位长度和线段 a 的长度拼成一个三角形，再把这个三角形放大 b 倍，就得到了所求线段．具体的操作步骤如下：

第一步，作出任意角 A，在$\angle A$ 的两条边上分别截取 AB，长度等于“1”，AC 的长度等于线段 a 的长，最后连结 BC.

第二步，延长 AB 至 E，使得 AE 的长度等于线段 b 的长度，过 E 点作 $EF/\!/BC$，交 AC 的延长线于点 F，线段 AF 即为所求．

证明过程如下：

$\because EF/\!/BC$（作图所得），

$\therefore AF:AE=AC:AB$（相似定理）.

又$\because AB=1$，$AC=a$，$AE=b$（作图所得），

$\therefore AF:b=a:1$（等量代换），

$\therefore AF=a\cdot b$.

以上就是通过尺规作图实现乘法的具体步骤．至此，几何作图的加减乘除就全部介绍完了．在几何学里，加减法通常要利用全等的原理去做，可以在线的基础上加减线，或者角的基础上加减角；乘除法，通常都用相似图形的原理去做，把要乘除的线摆在相似三角形的两边，最后用第三边的平行线一截，就得到了我们想要的结果．那么，线段的长度可以乘除了，角的大小能除吗？

十 圆

◎ 圆和角的关系和几何学的三大难题

几何学不是无所不能的．例如：要通过尺规作图的方式对一个已知角进行三等分就是绝不可能的，这曾是著名的几何学三大难题之一．那么几何学的三大难题分别是什么呢？

①化圆为方的问题；②三等分角的问题；③立方倍积问题．第一个问题化圆为方，是说求一个正方形，使得它的面积等于给定的一个圆的面积．第二个问题，是说把任意一个给定的角平分成三等分，不是说所有的角都不能三等分，像 180°、90°的这些角还是很容易三等分的．但是，如果题目随便给定一个角度要求我们三等分，那就做不到了．第三个问题立方倍积，是指给定一个固定边长的立方体，让你求一个新的立方体，使得它的体积等于原立方体

体积的 2 倍．这三个问题曾经难倒了无数的数学家．那么，后来这些问题怎么办了呢？和我们提到的第五公设的问题一样，他们都被证明是不能通过尺规作图实现的．当然，通过别的办法还是可以实现的．

那么，这些问题真的无法解决吗？它们无法实现的这个结论又是通过什么方法证明的呢？其实，它们都是通过把几何问题转换为代数问题，再通过代数方法证明的．由于过程非常复杂，在这里就不给出证明了．不过我们仍然可以仔细分析一下，能够通过尺规作图解决的所有问题都具有哪些特征：几何学能做线段的加减乘除，如果我们把原来的线段视为整数的话，就相当于通过几何作图画出了整数和分数．但是对于角呢，我们却只能做加减，不能做乘除，其实这个问题的本质，和化圆为方的问题完全相同．如果我们能够把一个角三等分，就相当于把这个角对着的圆弧三等分，问题的关键就在于，没办法把圆弧三等分，而之所以如此，又是因为通过尺规作图根本就不能画一段圆弧，让它等于已知线段的长度．同样也不能画一条线段等于圆弧的长度，因为直线和圆弧各自遵循着不同的规律．在此讨论一下圆弧的特点：

圆弧是圆的一部分．如果可以确定一条曲线是圆弧的话，就可以通过尺规作图的方法，找出它的圆心和半径，进而把这一小段圆弧补充为完整的圆．就和线段延长为直线的道理是一样的，只要看到一小截线段，就能沿着这个线段的方向，把它的两端无限延长，得出一条直线．根据一小段圆弧画出整个圆，显然不能通过直尺直接延长来实现，那应该怎么做呢？

办法很简单：由于圆心距离圆弧上每一点的距离都等于半径，所以我们就可以在一段圆弧上任意取三个点，只要求出到这三个点的距离相等的一个点就可以了．这个问题是我们刚刚处理过的：由于线段垂直平分线上的点到两端点的距离相等，所以我们可以从三个点中任意连结两条线段，然后作出两条线段的垂直平分线就可以了，两条垂直平分线的交点，到这三个点的距离相等，因此这个点就是圆弧的圆心．由于圆心到任意一点的距离都等于半径，所以只要确定了圆心，半径也就得到了．求得圆心和半径以后，就可以用圆规画出缺失的那一部分圆弧，也就可以把任意一小段圆弧补充为一个完整的圆形．（如图 10－1 所示）

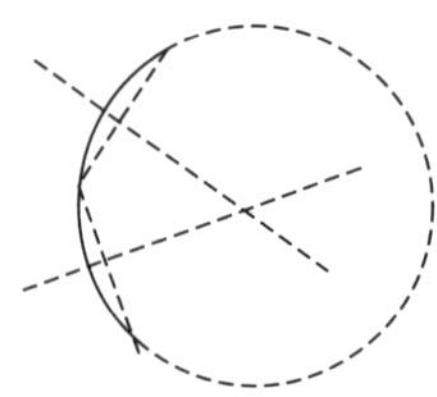

（1）在圆弧上任取三点，连结出两条线段．
（2）分别作两条线段的垂直平分线，两条垂直平分线的交点即为圆心．
（3）通过圆心和半径把圆补充完整．

图 10－1

上述操作意味着：任何一段圆弧都有一个确定的半径，这是圆弧的第一个基本特征．如果把圆弧的两个端点和圆心连接起来，就得到了两条半径，而这两条半径之间的夹角就叫作圆心角，圆心角就是半径旋转过的角度．圆心角就是圆弧的第二个特征．从这个意义上说，可以把圆形理解为半径绕着圆心转了 360°得到的结果．正因为如此，圆形是高度对称的图形，它有无数条对称轴，圆的任意一条直径所在的直线都可以当作它的对称轴．那么，既然半径可以转动，圆心角是不是也可以转动呢？如果夹着圆心角的两条半径同时旋转，那么不管它旋转到什么位置，圆心角对着的圆弧长度始终是不变的，这就是圆弧的另一个基本性质：在圆的内部，相等的圆心角对着的圆弧同样是相等的，反过来说，等长的圆弧对应的圆心角同样相等．

如果我们把圆弧上的两个端点，和它对面圆周上的任意一点连起来，就又会产生一个新的角，这个角叫作圆周角．圆周角和圆心角有什么关系呢？如图 10－2 所示：对于已知圆弧 AB 而言，O 点是它的圆心，因此 $\angle AOB$ 就是它的圆心角．C 点是另一侧圆弧上的任意一点，因此 $\angle ACB$ 就是它的圆周角，要研究圆心角和圆周角的关系，离不开半径的帮助，因此，我们连结 CO 并延长至 D 点，就会发现：

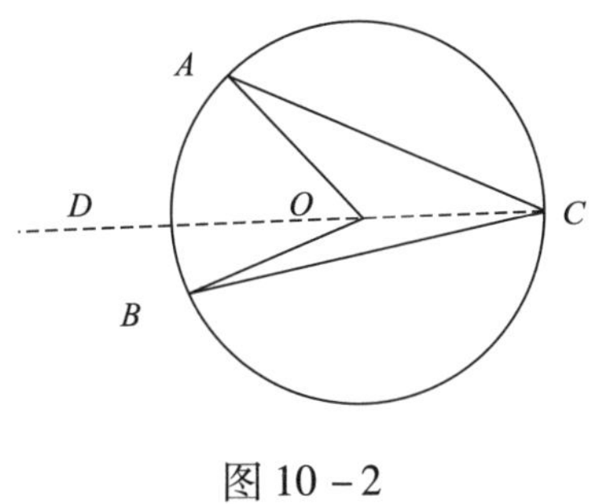

图 10－2

$\because OA = OC$（半径长度相等），

$\therefore \angle OAC = \angle OCA$（等边对等角）．

又 $\because \angle AOD = \angle OAC + \angle OCA$（外角定理），

$\therefore \angle AOD = 2\angle OCA$（等量代换）．

同理可证：$\angle DOB = 2\angle OCB$．

$\because \angle AOB = \angle AOD + \angle DOB$（整体等于部分之和），

$\therefore \angle AOB = 2\angle OCA + 2\angle OCB = 2\angle ACB$，

即 $\angle ACB = \dfrac{1}{2}\angle AOB$．

通过上述证明过程我们发现：圆周角等于圆心角的一半．由于 C 点是任取的外侧圆弧上的一点，因此，同一段圆弧对应的所有圆周角全部相等，其大小等于圆心角的一半．而这就是圆弧的最后一个性质．

◎ 圆和直线的关系

接下来，要研究一下圆和直线的关系：如果我们先在白纸上作一个圆，然后随便画上几条直线就会发现，根据圆和直线的距离不同，它们之间存在有四种关系：当距离非常远的时候［如图 10－3（1）所示］，直线就位于圆的外面，和圆周没有任何交点，这是“八竿子打不着”的关系，就不讨论了．接下来，我们逐步把直线向圆的方向靠近：

在逐步靠近的过程中，我们就会发现，总有那么一个时刻，圆和直线刚好挨在一起了［如图 10－3（2）所示］，此时，圆和

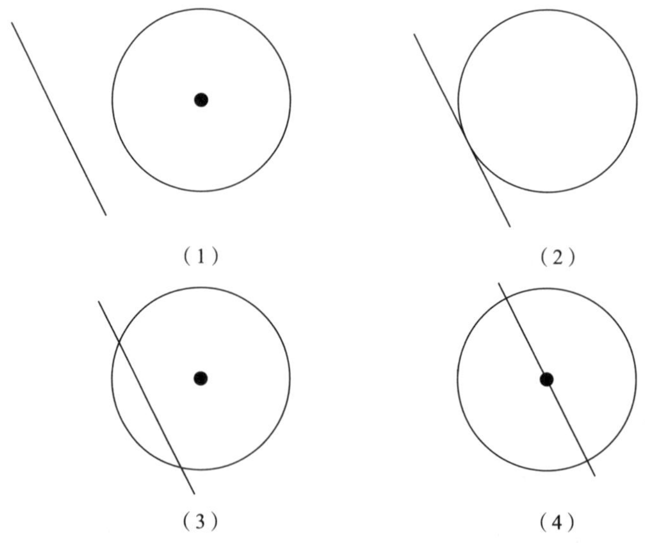

图 10－3

直线有且仅有一个交点，我们把这种关系叫作相切；顺便说一下，我一直认为“相切”这个词汇很不确切，这直线明明只是刚刚和圆贴到一块儿，没有把圆切下来一部分，为什么要把这种关系叫相切呢？传统习惯就是这样，而且我们还把和圆贴在一起的直线叫作圆的切线．

如果这条直线向着圆心的位置继续移动又会产生什么结果？它就会把圆切割成两个部分，同时这条直线就会和这个圆产生两个交点，这两个交点之间也会卡住一截线段，于是，我们就把这条直线叫作割线，割线在圆弧中间卡住的线段叫作弦．［如图 10－3（3）（4）所示］请注意，当直线把圆切开了以后，这条直线不叫“切线”，而是叫“割线”！按道理说，“切”和“割”这两个动作根本没有什么区别，它们不都是把一个东西劈成两半吗？但是在圆和直线的关系之中，我们就要把和圆贴在一起的线叫作切线，把已经切成两半的线叫作割线．这个怪异的习惯称呼，千万不要记混了！切线、割线和圆之间又有什么关系呢？

如图 10－4（1）所示，切线垂直于经过切点的直径．这是由于圆是高度对称的，同时圆的切线是一条直线，经过 180°的翻转以后，直线也可以重合在一起，所以，圆和它的切线经过对称的翻转以后，得到的肯定就是相互重合的图形．既然是相互重合了，说明这条切线和圆都被均匀地一分为二了，直线一分为二得到的是直角，圆一分为二得到的是它的直径．所以，过切点的垂线一定经过圆心，经过切点的直径也肯定是垂直于切线的，这就是圆的切线的基本性质．

同样，割线割出来的弦也有这种对称的特点．如图 10－4（2）所示，如果作一条弦的垂直平分线就会发现，这个垂直平分线肯

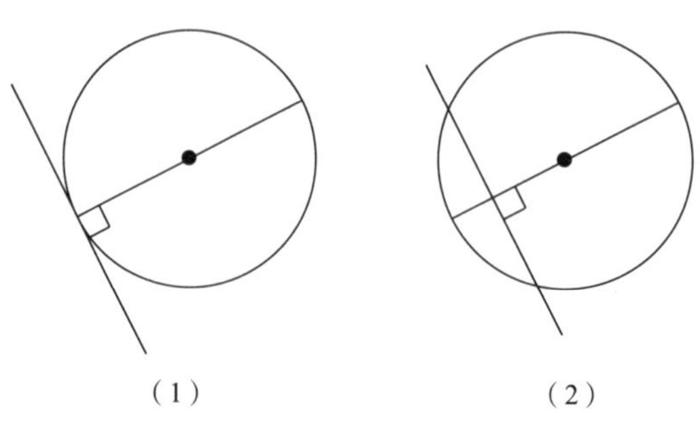

图 10－4

定也是经过圆心的．为什么呢？因为弦和它切下来的圆弧都是左右对称的关系，既然垂直平分线能把弦一分为二，肯定也会把对应的弧线平分了，自然它就把整个圆也平分了．这就是弦的基本性质：弦的垂直平分线经过圆心，垂直于弦的半径也一定会把弦平分．

关于切线和弦的性质定理，都有一套严格的证明过程，由于圆这种图形的对称性实在太直观了，只需要做一个简单描述就可以了．我们的学习过程，也是循序渐进的：当学习平行线的时候，刚刚接触证明过程，每一个证明步骤都非常严格，因为在那个阶段，我们关注的重点不是平行线的性质本身，而是几何学的总体特征；入门以后，再学起东西来就是一目十行了．过去可能用十天时间才能学习一节的课程，学到最后的阶段，每一天都会学十天的课程．任何一门课程都有一定的门槛，一开始的时候，只能慢慢入门，通过逐步引导，找到这门课的感觉，所以讲得比较细，在这种状态下会感觉书越读越厚；一旦形成了对这门课程的整体认识，就可以像通过一个全等的定理把尺规作图的绝大部分知识融会贯通起来一样，越到最后学得就越快，同一本书也就越读越薄了．

下面，我们继续分析圆的性质：

当这条直线离圆心的距离减小到 0 以后就会穿过圆心，显然，穿过圆心的直线段就是直径．虽然看上去是直线，但直径也对应一个圆心角，只不过圆心角的大小是180°．既然是圆心角，它就一定有自己对着的圆周角：如果我们随便从圆弧上找一个点，把这个点和直径的两端点一连，就会发现因为圆周角等于圆心角的一半，所以直径对着的圆周角，一定等于一个直角，因为直径的圆心角是180°，一半肯定就是90°了，这就是直径的基本性质．（如图10－5所示）理解了直径的圆周角性质以后，就可以利用它来做一件事：经过圆外一点，作已知圆的切线．

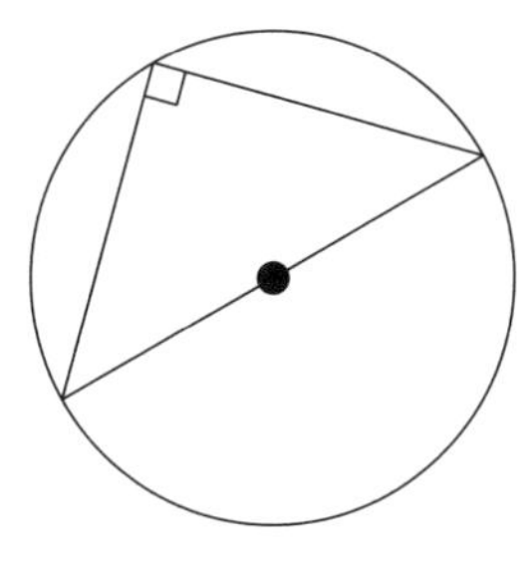

图10－5

对于圆的切线问题，如果要求不是很严格的话，只需要拿着直尺比一比、转一转，直线经过已知点，并且和已知圆相切就可以了．作为一个逻辑严谨的作图方法，这样的操作是不可取的，因为圆上的点有无数个，当直线逐步靠近圆的时候，我们很难分清到底哪一个点是它们的切点．所以要作切线，还得从切线的基本性质出发，通过两条线的交点，把切点找出来．

如图10－6所示，过切点的半径垂直于切线．这就意味着，如果把圆外一点和圆心及切点连结起来，应该是一个直角三角形．同时这个直角三角形的斜边，就是已知点到圆心的连线，而它的两条直角边分别是圆的半径及我们要作的切线．由于圆心和已知点都是固定的，所以很容易得出直角三角形的斜边．由于半径是已知

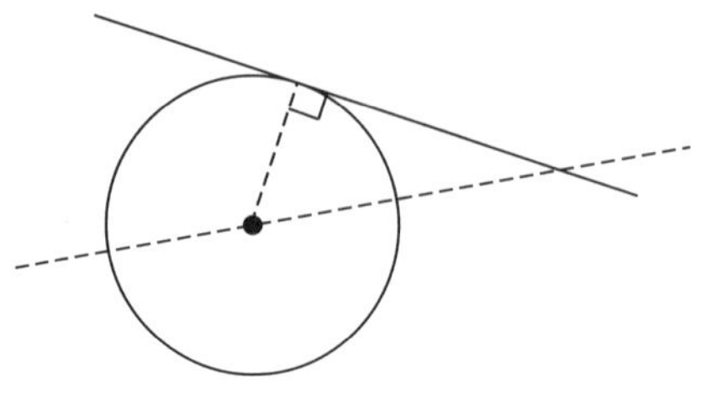

图 10－6

的，也知道了一条直角边的长度，只是切线的长度不知道．由于直径对应的圆周角是直角，可以用这个斜边长度为直径画一个圆，这个圆上任意一点到斜边上两点的连线都是直径的圆周角，直径的圆周角是直角，所以这个圆上的任何一点都满足直角三角形的条件．这个圆一作出来，和原来的圆就会有两个交点了，连结任何一个交点和已知点，得到的就是圆的切线．具体的操作步骤如下：

如图 10－7 所示，已知圆点 O 和圆外一点 A，求一条经过 A 点的切线 AB.

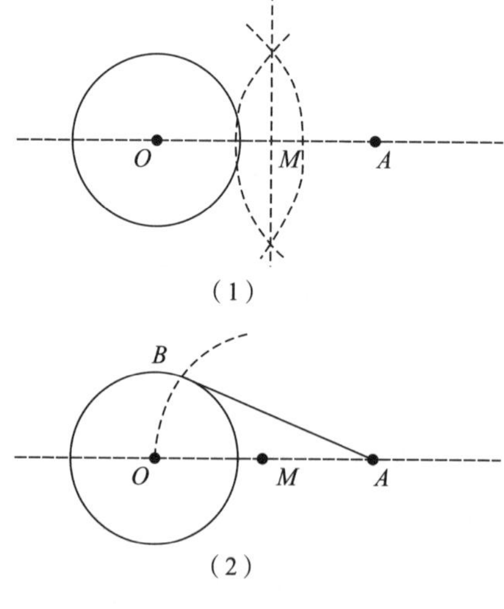

图 10－7

第一步，连结 OA，并作出 OA 的垂直平分线，交 OA 于点 M.

第二步，以 M 为圆心，以 MO 长为半径画圆，交圆 O 于 B 点，连结 AB，直线 AB 即为所求.

证明过程如下：

∵ M 为 OA 中点，且 MO 为半径，

∴ OA 为圆弧 OB 的直径，

∴ $\angle OBA$ 为直角（直径的圆周角为直角）.

∵ B 是圆 O 上一点，

∴ OB 为半径.

又∵ $OB \perp AB$（已证），

∴ AB 是圆 O 的切线.

以上就是通过尺规作图方法作已知圆的切线的步骤. 实际上，直径的圆周角带来的帮助，远不止作一条切线这么简单.

◎ 几何作图之乘方开方

我们已经掌握了通过尺规作图实现加减乘除的方法，那么乘方开方该怎么做呢？乘方的本质是乘法，因此乘方运算可以通过连续相乘来逐步实现；但是开方运算就完全不同了，像三大难题之一的立方倍积问题，就是要对一条线段开立方，而且这是一个

已经被证明无解的问题，所以开立方的运算是无法通过尺规作图来实现的．尽管如此，我们却可以对一条线段开平方．接下来我们就一起来分析．

单位长度“1”：________

线段 a：________________

和乘除法的操作类似，开平方的前提也需要有一个已知线段表示单位长度“1”．但即使如此，还是很难想象如何对一条线段开平方．首先假设，如果有一条线段 b，它的平方等于已知线段 a，也就意味着 $a:b=b:1$，也就是说，已知线段长除以所求线段长等于所求线段长除以单位长度“1”．因此，可以把这四条线段放到一对相似三角形中，通过相似定理来求出未知线段．但如何作出两个相似三角形呢？我们就需要利用直径的圆周角等于直角的定

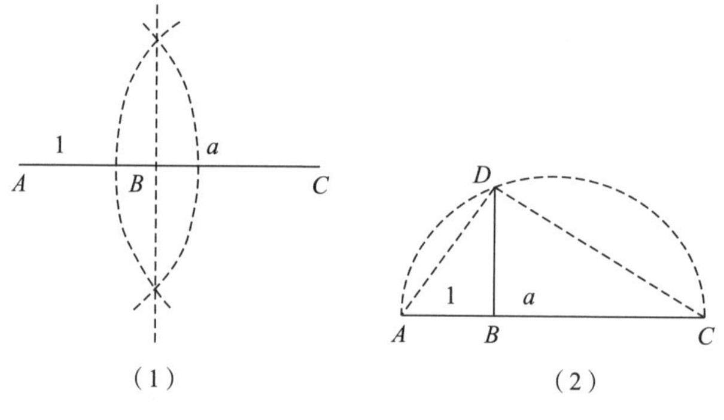

图 10－8

理来实现了．具体方法如下：(如图 10－8 所示)

第一步，在一条直线 AC 上截取 AB 等于单位长度“1”，BC 等于已知线段 a.

第二步，以 AC 为直径作圆，过点 B 作直线 $BD\perp AC$，且交圆弧于 D，BD 即为所求．

证明过程如下：

$\because AC$ 为直径，

$\therefore \angle ADC=90^\circ$（直径的圆周角为直角）.

$\because BD \perp AC$，

$\therefore \angle ABD=\angle DBC=90^\circ$.

$\because \angle DAB=\angle DBC-\angle ADB$（外角定理），

又$\because \angle BDC=\angle ADC-\angle ADB$（整体等于部分之和），

$\therefore \angle DAB=\angle BDC$（等量代换）.

同理：$\angle ADB=\angle DCB$.

在$\triangle ADB$和$\triangle DCB$中：

$$\begin{cases}\angle ADB=\angle DCB,\\ \angle ABD=\angle DBC,\\ \angle DAB=\angle CDB,\end{cases}$$

$\therefore \triangle ADB \backsim \triangle DCB$（三个对应角相等），

$\therefore AB:DB=DB:CB$（相似三角形对应边成比例），

$\therefore DB\times DB=AB\times CB$，$DB=\sqrt{AB\times CB}$.

又$\because AB=1$，$CB=a$，

$\therefore DB=\sqrt{a}$.

以上就是通过尺规作图的方式，为已知线段开平方的结果．具体过程总结如下：首先，把已知线段和单位长度的线段拼在一起；然后，过拼接点作垂线；之后，以拼合后总长度为直径画圆，圆和垂线产生一个交点，连结交点和垂足，两者之间的距离就是开方的结果．掌握了尺规作图的加减乘除和乘方开方的操作后，几何学

的部分就接近尾声了．回顾前面的内容不难发现：

几何学是没有数字的数学，在尺规作图中隐藏的同样是加减乘除的基本规律．在课程中，我们从几何学的根源——分地问题出发，一起见证了绳子和尺规是如何在没有准数的条件下实现我们所需要的一切的．为什么在不知道线段的长短、不知道图形面积的情况下，却仍然可以做加减乘除乘方开方的运算呢？这个问题的答案恰恰就是几何学应该带给我们的最大启示！

根本原因只有两个：

第一，加减乘除等运算的性质是这个世界运动变化的根本规律，而不是数字独有的性质．在代数中，字母、算式同样是可以加减乘除的，所有这些内容之所以能够加减乘除，仅仅是因为它们是对世间万物的一种抽象方式．

第二，点、线、面是对世界的一种抽象表达方式．人类文明是从数数和画画开始的，如果说数数对应的是算术，那么画画对应的就是几何．在画画的时候，笔落在纸面上，只能产生一个点，点运动起来以后就产生了线，多根线条组合起来就形成了面和体．

正是因为加减乘除是世界万物的基本规律，并且点、线、面是世界万物的一种抽象表达，所以点、线、面才会具有加减乘除的运算能力．世界万物有加减乘除的性质，好比人有自己的五官相貌；点、线、面是世间万物的抽象，好比照片是对人的一种抽象．因为人的五官相貌客观存在，所以我们才能通过照片识别出人的五官；同理，因为世界有加减乘除的规律，所以从点、线、面中就可以找到实现加减乘除的方法．

随着几何知识的深入学习，我们不由得对古人的智慧发出由衷的感叹：感叹古人的认知能力，他们不但能够把一切都抽象成点、线、面，而且能够把一切多边形转换为矩形；感叹古人的动手能力，他们仅仅利用手中的绳子，就可以做到垂直、平行、平分，甚至乘方、开方；更感叹古人的逻辑推理能力，他们居然能够从几条显而易见的公理出发，把如此众多的定理组织成一个无懈可击的逻辑大厦．在这样精美的建筑面前，我们不禁被古人的智慧所折服，被几何学的精美所震撼．

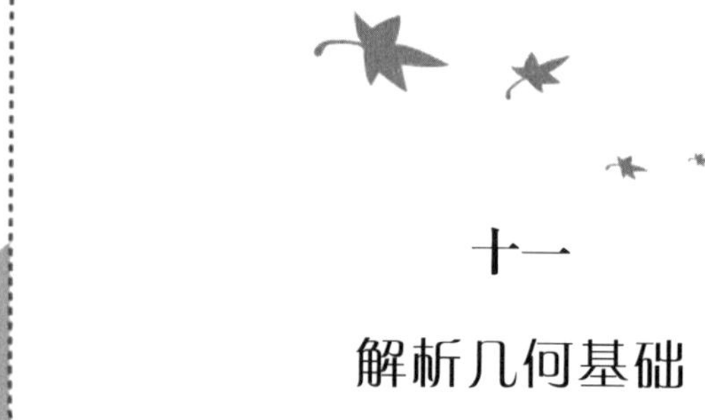

十一

解析几何基础

◎ 从几何学开始，重新认识世界

虽然几何学是没有数字的数学，却仍然存在着加减乘除这些基本的计算方法．加减乘除是这个世间万物的基本规律，点、线、面是世间万物的一种抽象方式．那么，加减乘除还有没有其他的表述方式呢？难道这个世界就只能抽象为点、线、面吗？关于这个问题的讨论，可以引发一门全新的学问．

要研究一门学问，最方便的办法就是追本溯源，寻找这门学问的根本出发点：在学习代数学时，我们知道了人类有一个原始的动作是数数，数数的目的是为了掌控时间的变化．在学习几何学的时候，我们知道人类的另一个原始动作是画画，画画的目的是认识空间的规律．在画画的过程中，我们发现：笔落在纸面上后就会产生点，点运动起来就会产生线，线组织起来就形成了面．因此，点、线、面就成了我们对世界的一种抽象方式．理解了点、线、面的关系，也就认知了这个世界空间结构的基本规律．那么，这个世界上除了画画之外，还有没有其他的工作呢？如果画画中可以产生点、线、面，那么其他工作中是不是也可以产生类似的一些基本元素呢？比如，和画画类似的剪纸．

剪纸是我国民间的传统艺术，不管是人物还是动物，不管是自然风景还是人物活动，无论多么复杂的场景，都可以通过剪纸的方式呈现出来．为什么那么多不同的事物都能通过剪纸来表达呢？有没有一个事物它只能通过照片拍摄出来，只能通过绘画画出来，就是不能通过剪纸剪出来呢？不可能会有这种场景！因为剪刀剪出来的一个小洞就相当于画面上的点，剪出来的一条缝隙就相当于一条线，有了点、线这两个基本元素及它们之间的组合，当然就什么场景都可以呈现了．之所以产生这样的思路，是因为我们学了几何学，才会把剪纸画也抽象成点、线、面．那些剪纸的艺术家们可不一定这么理解，他们对整个世界的认知有自己的一套思维方式——整个世界是由不同的剪纸方法组合而成的．

上小学时，当我第一次学会折纸飞机，就曾经想过：折纸的方法除了能折出纸飞机以外，还应该能干别的，没多久我又学会了折纸船的方法．到这个时候我就开始想了，这个世界上第一个折纸飞机的人，他是怎么想到这种方法的呢？除了纸飞机和纸船之外，是不是所有的东西都可以通过折纸的方式把它们呈现出来呢？为此，我还曾做过很多尝试，可惜并没有取得成功，虽然我也能折出一些新鲜花样，却没有找到能折出世界上任何一种器物的通用做法．虽然我没有在折纸方面取得成功，却彻底摸清了另一类手艺的玩法，那就是通过高粱秆扎出各种不同的造型．

高粱秆就是指长着高粱穗子的一段笔直的细秆，它的表皮又细又薄又有弹性，从高粱芯上把它揭下来以后就可以当作竹篾用．与之相反，高粱中间的芯比较粗，也比较软，如果把高粱的表皮弯曲下来扎上去，就可以做成各种造型．每年秋天，高粱熟了以后，几根高粱秆就可以玩上一阵，如果不小心的话，还可能把手指头扎破了．我只会做眼镜，做简单的飞机．除此之外，我从来没见过别的造型．但是就有那么一天，我突然就发现了扎高粱秆这门手艺的一般规律：只要把高粱的芯当作骨架，把高粱秆的表皮当作线条，任何事物都可以轻而易举地做出来．于是，我一下午就做出了 20 多种不同的造型，有各种型号的飞机、坦克，还有各种动物造型，有些造型做得非常逼真．在我的眼中，世界上所有的事物都可以抽象为高粱秆．当我看见一只鸡、一条狗的时候，我就仿佛直接透过外形看到了它们的内部骨架，仿佛在我面前的活生生的动植物都变成了高粱秆扎成的玩具．从表面上看，好像是我自己创作出一个全新的造型；实际呢，我只是看到了别人没有看到的东西而已．

之所以讲这个故事，是因为我想让你的思想境界从几何学的世界里再升华一次：我们学了几何学知识，知道了点、线、面的性质和规律，已经加深了对这个世界的理解．但是，不能因为学了几何学，就认为这个世界只能是由点、线、面组成的．这个世界可以抽象成很多层次，每一项工作、每一门艺术，都隐含着对这个世界的高度抽象．以舞蹈和音乐为例：人的肢体动作是有限的，世间万物是复杂的，而舞蹈却能够通过一系列简单的肢体动作，把世间百态的关键特征演绎出来．我们不但可以通过舞蹈模仿动物的动作，而且可以模仿植物的生长；我们不但能够模拟生物，而且可以模拟阳光雨露，模拟雨雪风霜．因为世界上所有的运动方式都可以抽象为几个简单肢体动作的组合．用舞蹈来表现山山水水，虽然很难，但舞蹈这种形式终归还是可见的．而音乐就不同了：音乐只能把世界抽象成宫、商、角、徵、羽这几个音符．就是这几个音符，曾经让钟子期发出高山流水的感叹，曾经让孔子三月不知肉味，曾经让卓文君私奔而走，曾经让司马懿四十万大军止步．不是因为演奏者的技法有多么高超，而是因为世界本来就是多姿多彩的，万物本来就可以抽象为多种表达形式．

人类随着历史的发展，形成了不同的分支．由于地域的阻隔，不但出现了不同的语言，而且出现了几何和代数不同的数学分支．但随着人类文明的发展，大航海时代的来临，全世界的文明又开始逐渐汇集到一起，数学的这两个分支也因此而逐渐合流．

◎ 一只蜘蛛引出解析几何的发现

解析几何是加减乘除这些规律的另一种抽象方式．所谓解析就是分析和求解，而分析求解通常需要通过代数表达式来实现；所谓几何指的就是几何图形．从这个名字上，我们就不难发现这是一门代数和几何相互融合的学问．代数和几何之间的共同点至少包括三个方面：第一，它们都是对世界万物的抽象，因而它们的本原是相同的；第二，它们都需要用到加减乘除的运算规律，因而它们的思维方式是相同的；第三，它们都是利用几个已知的规律和数据来对一个具体问题做出分析求解，目的是相同的．既然它们有这么多共同点，为什么还需要解析几何这样一门新的学问呢？它又能帮助我们解决哪些问题呢？要想了解这个问题，我们就看看 17 世纪的那个早晨，到底发生了什么．

16 世纪末，正是人类自然科学的萌芽时期，伽利略刚刚去世不久，牛顿还没有出生．笛卡尔就诞生在法国的一个贵族家庭，受过高等教育，当过兵．虽然他学的是法律专业，却一直醉心于对数学的研究．在他看来，虽然几何和代数的本质是相同的，却各有自己的缺点．对于代数而言，代数算式在计算过程中是清晰明朗的，但不到最后一步看不到具体数据．对于几何而言，可以很直观地看到图形，但是通过尺规作图实现加减乘除的步骤却非常复杂，几何图形在计算过程中不如代数方程式简便．还有什么新的方法把代数和几何结合起来呢？笛卡尔一直在思考着这个问题．与此同时，他还有一些具体问题要解决，比如：天上的星星这么多，我通过什么方式来记录它们的位置？地上的军队在行军打仗的时候，总是处于运动之中，我又怎么来表示军队行进的位置和方向？这些问题一直在笛卡尔的心中挥之不去，甚至在做梦的时候，他都在思考这些问题．

17 世纪的一个早晨，一只蜘蛛悬着纤细的蜘蛛丝，从房顶上倒挂了下来．这只蜘蛛悬挂在笛卡尔的面前，在微风中轻轻地摆动着．忽然，一个念头在笛卡尔心中闪现，他一下子想明白了所有的问题．我们不妨和笛卡尔一起来分析一下这个问题：对于一个悬挂着的蜘蛛而言，需要哪些数据才能描述它呢？首先，任何一个时刻蜘蛛所在的位置；其次，蜘蛛的速度；最后，蜘蛛摆动时的轨迹．什么叫轨迹呢？就是蜘蛛在一段时间内陆续经过的路线．如果我们把线看作是由点的运动产生的，那么轨迹就是由位置的移动产生的．我们要列举的可不是三个独立的数字，因为蜘蛛无时无刻不在运动之中，所以它的位置、速度随时都在发生着变化．过去，对于位置、速度、轨迹这些数据而言，它们各自有着不同的表示方式，位置可以用到哪儿的距离表示，速度可以用代数算式计算，轨迹可以用几何图形来表示．但问题在于，这三组数据融合不到一起，不能显示在一个图像上．笛卡尔一直发愁的就是这个问题，但是就在那一刹那他忽然就明白了这一切．于是他把自己的想法整理在一本书里边，名叫《几何》．他所整理的几何和欧几里得的几何有着显著的区别，他把几何图形和代数表达式融合到一起，所以人们称之为解析几何．解析几何融合了代数和几何的优势，与之前的数学相比，解析几何至少有以下三方面的价值：

第一，过去我们说过，代数研究的主要是时间问题，几何主要研究的是空间结构，而解析几何很好地把时间和空间联系在了一起，人们可以通过静态的图形来研究运动变化的事物．

第二，无论是代数还是几何，都有一个共同点，那就是根据规律来寻找结果：一个代数方程就是一种规律的表达，一个几何图形同样是一种规律的呈现，当我们找到两个方程的解，或者找到两个几何图形的交点时，就是在为这种规律找到了一个确定的结果．解析几何的能力不止于此：除了根据规律找到结果以外，还可以根据数据归纳出对应的图形和代数表达式，根据一些现象总结出背后的规律．这件事情的意义是非同寻常的，因为找到规律就意味着获得新的知识．

第三，它是高等数学的基础．之后，牛顿和莱布尼茨各自发明了微积分理论，而莱布尼茨的微积分理论就离不开解析几何的帮助．

◎ 平面直角坐标系

解析几何到底是怎样把众多的数据融合到一起的呢？在正式研究这个问题之前，先来分析一个更简单的问题：当你正位于一个陌生的位置时，你如何正确地把自己的位置告诉你的朋友？如果不使用手机中的地理信息系统，你首先应该寻找一个你们两人都熟悉的，并且离你不太远的位置作为起点，然后再告诉他你所在的位置距离这个地方有多远．通常你的描述方式应该类似于：从那里出发，先向东走几百米，再向南走几百米就到了．现在，让我们分析一下这种描述位置的方式：

首先，从一个起始位置出发；其次，还必须通过两个方向、两个数据来描述；最后，除了给对方提供数字之外，还必须附带长度单位，你必须要告诉人家是走500米还是500千米．在解析几何中，像这种表示位置的方法就叫作坐标法．为什么我们必须要用两个数字来描述位置呢？因为一个数字只能表示一个绝对距离，到这个起始点距离相同的点有无数个，这些点分布在一个圆上，必须要通过两个数字才能表示清楚．如同别人问你在教室中的位置时，你总是要告诉他自己在第几行第几列．一个位置就是平面上的一个点，而现在通过坐标法，似乎能够把一个点和一组数字对应上了，这就是解析几何要做的第一步．

在解析几何里，上述这种位置的标注方法被称为平面直角坐标系，它由这样两部分组成：一个静止不动的起始点；两条在此垂直相交的带有方向和刻度的直线．这个起始点叫作坐标原点，带有方向和刻度的直线叫作坐标轴或者数轴．据说笛卡尔是在做梦时发现了坐标系的，他梦到了两支箭杆交叉在了一起，于是想到了坐标轴的样子．这当然只是一个传说了，但坐标轴的确就像两支箭杆十字交叉的结果（如图 11－1 所示）．

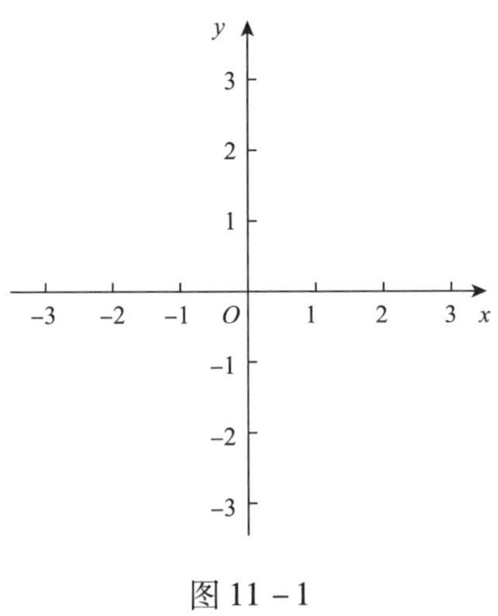

图 11－1

一般把坐标原点用 O 表示，把水平的坐标轴叫作 x 轴，垂直的坐标轴叫作 y 轴．在 x 轴的末端带有一个向右的箭头，这表示 x 轴上点的坐标从左到右逐渐增大；y 轴的方向垂直向上，这表示 y 轴上点的坐标从下到上逐步增大；两个坐标轴垂直相交于坐标原点．整个坐标轴就像两把交叉的刻度尺，两条数轴上的刻度都是均匀的，把从 0 到 1 的这段长度叫作单位长，不管是在数轴的什么位置上，单位长度始终保持不变．尽管在纸面上画出的坐标轴长度是有限的，实际上坐标轴不是一条线段，而是一条无限长的直线．

当我们把一个带有原点、单位长的直角坐标系放在一个平面上的时候，这个平面上的所有的位置，就都具有了自己的坐标．如果随意在白纸上描绘一个点，那么这个点的位置就可以通过水平和垂直的一组数字来表示，经过这个点分别作 x 轴和 y 轴的两条垂线，垂线的垂足所在的位置，就是它的位置坐标．如图 11－2 所示：点 A 在 x 轴的坐标是 2，y 轴的坐标是 3，那么点 A 的坐标位置是（2，3），我们用（　）表示点的坐标，用逗号分隔开的两个数字表示坐标位置，逗号前面的数字表示的是 x 轴的数值，后边的数字表示的是 y 轴的数值．即使这个点落在坐标轴上，我们也必须带着两个数字，例如：B 点位于 x 轴上的 -3 这一点上，因此它的坐标就是（-3，0），其中的 0 表示它在 y 轴的坐标位置是 0. 有趣的是：一个坐标点在 x 轴上的坐标值的绝对值，表示的却是它到 y 轴的距离；而它在 y 轴上的坐标值的绝对值，表示的却是到 x 轴的距离．这一点需要时刻注意，不要把坐标和距离的概念搞混．

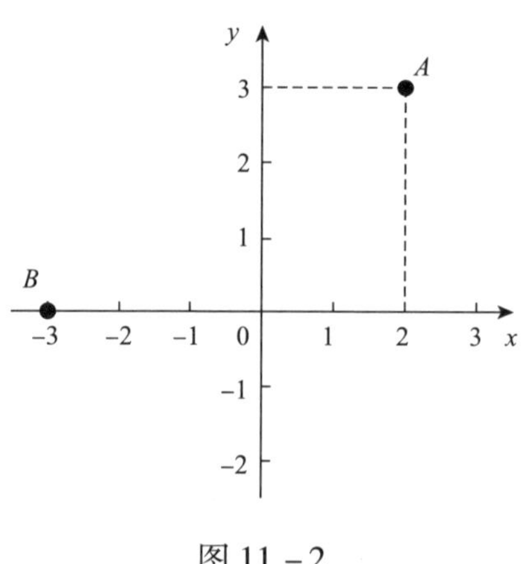

图 11－2

坐标轴上不但有正数，而且有负数．同时，由于坐标轴是无限长的，所以当一个平面内出现平面直角坐标系以后，整个平面就被一个大十字分割成了四个部分，这四个部分又叫作四个象限，坐标轴右上角的部分叫作第一象限，从此开始按照逆时针的方向旋转，左上角的部分叫作第二象限，左下角的部分叫作第三象限，右下角的部分叫作第四象限．（如图 11－3 所示）之所以明确地分成这四个象限，就是因为这四个象限内的点，它们的坐标的正负是有区别的.

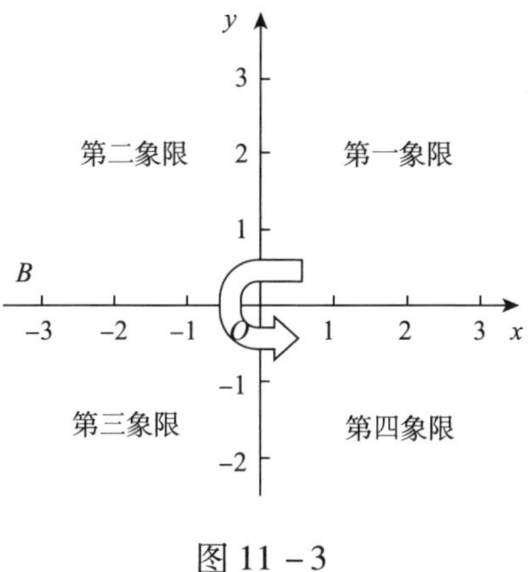

图 11－3

第一象限位于坐标原点的右上方，在这一范围内的点，水平坐标位于 x 轴的右半部分，垂直坐标位于 y 轴的上半部分，因此这两个坐标数字都是正数，也就是说，第一象限的两个坐标数字都是大于 0 的. 与之对应的第二部分位于原点的左上方，由于 x 轴左侧的数字都是负数，所以在第二象限内的点，x 坐标都是负数，而 y 坐标仍然是正的；同理，第三象限中的两个坐标数字都是负的；而第四象限的坐标则和第二象限完全相反. 这些内容看似无聊，但是我们却必须从这些最基本的内容开始熟悉.

当我们把一个点变成了两个数字以后，解析几何就迈出了关键性的一步. 通过两个数字描述一个点，你认为这样做方便吗？一点都不方便！如果在实际生活中，有人打电话询问你的位置，你肯定会告诉对方自己的具体方位，比如自己正处于某个银行或者某个饭店，即使这个地方彼此都不太熟悉，你可以拍一张照片发给对方，没有人会把自己所在位置的经纬度告诉对方. 只是为了描述平面上的一个点，就需要一个坐标轴外加两个数字才能实现；如果要把一条线画出来，不是要通过无数对数字才能表示吗？

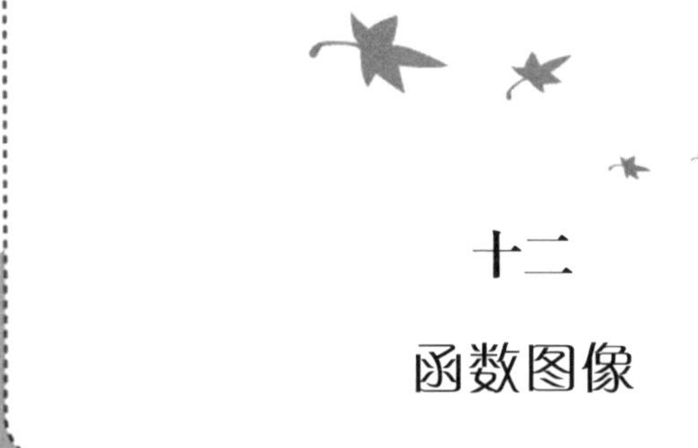

十二
函数图像

◎ 函数到底是什么

实际生活中，无论是自然界中的山山水水，还是人类建造的城市乡村，几乎每一个位置都有它对应的名称．通过数字的方式来表示一个位置，不但不直观，而且是乏味无聊的．然而我们要知道的是：通过数字来表示位置的这种方法并不是笛卡尔首创的，在很早以前，人类就开始在天文和航海的领域中使用它．这个场景我们也不难理解：在浩瀚的星空里，在茫茫的大海上，周围没有任何参照物，在这种前不着村后不着店的情况下，因为不得已才使用坐标表示法．笛卡尔把这种方法带入了我们的生活．

为什么笛卡尔在看到蜘蛛晃来晃去的时候，会恍然大悟呢？因为他当时忽然明白的，并不是通过坐标系来表示蜘蛛的位置．他发现这个蜘蛛晃动的规律，和伽利略看到单摆晃动规律是一样的．笛卡尔出生的年代正好在伽利略之后，他非常熟悉伽利略的单摆实验，因为单摆的运动是可以通过一个代数式来表示的，所以他自然就想到了，和这个代数式对应的，应该就是平面直角坐标系上的一条曲线．在解析几何中，解析对应的是代数表达式，几何对应的是几何图形．当笛卡尔想通了这一点的时候，解析几何的大门就彻底打开了．

对于坐标系内的任何一点，都需要两个数字来描述，一般来说，这两个数字之间是相互独立的．对于平面内的任意一点而言，它的横坐标和纵坐标之间没有必然的联系；如果这一点按照某个规律运动，结果就大不一样了．如果我们用横坐标表示时间，用纵坐标表示运动的距离，那么当物体在做匀速运动时，经过相同的时间就会移动相同的距离，因此，当物体运动的时间和距离呈现在坐标系上以后，一条直线就会清晰地显示出来，这不仅是代数和几何的融合，更是时间和空间的融合：有了解析几何的帮助，我们又掌握了一种认识世界的全新的方式：转瞬即逝的时间被凝固在了坐标系上，变化的规律凝聚为不变的图形，运动的轨迹变成了静止的曲线，世界呈现出了它的本来面目．

当然，解析几何所表达的图形不仅局限于匀速运动，只要在世界上存在两个相互依存的变量，只要它们之间存在某种一一对应的计算关系，它们之间的规律就可以通过坐标系上的图形来表示．整个世界无时无刻不在运动变化之中，因此也就产生了很多变化的数量，在这些变量之中，有的变量是主动变化的，而有的变量却是因为其他变量的改变而改变的．比如：一个人的年龄会因为时间而变化，物体的质量会因为体积而变化．我们把主动变化的量叫作自变量，把被动变化的变量叫作因变量，如果因变量能够被自变量的大小唯一确定，我们就说因变量和自变量之间存在函数关系，或者说因变量是自变量的函数，比如：在速度确定的条件下，路程就是时间的函数；在密度确定的条件下，物体的质量就是体积的函数.（如图 12－1 所示）

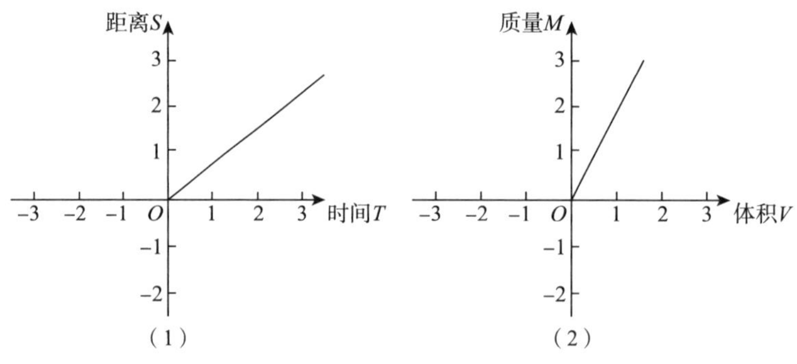

图 12－1

在代数学里，我们常常可以把函数写成代数表达式的形式，如果用 x 表示自变量，用 y 表示因变量，那么函数的表达式就是 $y=f(x)$. f 指的就是某种确定的运算关系，比如，$y=x+1$，$y=3x-2$，$y=2x^2$ 等，都表示 y 和 x 之间存在一种函数运算关系. 但是，y 是 x 的平方根却不是一种函数关系，为什么，因为 x 的平方根有两个，结果并不是唯一确定的，所以 y 是 x 的平方根就不属于函数关系；但是如果我们说 y 是 x 的算术平方根，舍弃了负的平方根只留下正的平方根，结果就可以唯一确定了，于是我们就可以说 y 是 x 的函数.

当 y 和 x 的这种函数关系表现在平面直角坐标系上以后，就会以图形的方式展现出来. 根据具体的函数形式不同，函数图象可能是一条直线，也可能是曲线，还可能是折线或者彼此不连续的一些松散的点，但无论如何，只要 y 的值能够随 x 唯一地确定，我

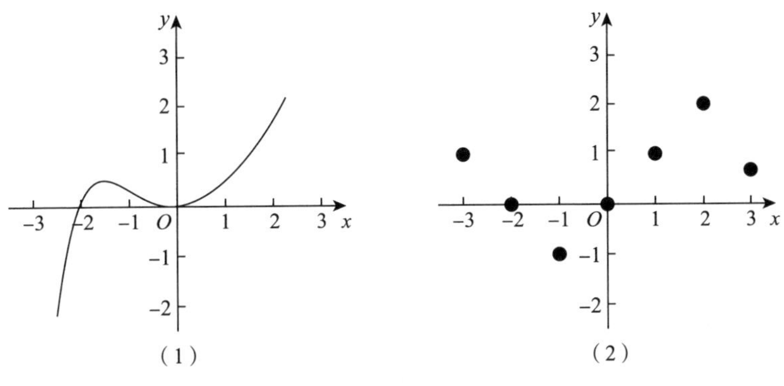

（1）　（2）

图 12 – 2

们就可以认为 y 是 x 的函数．（如图 12 – 2 所示）解析几何要研究的内容有两部分：一是从函数的表达式得到函数图象；二是根据函数图象得到一个确定的结果，或者根据一些松散的数据反算出函数的表达式．

电子表格可以帮助我们快速地把坐标数据转化为函数图象，如果你懂得电子表格的操作方法，在学习函数的时候，不妨多在电子表格中练习一下．可以用两列数字分别表示 x 坐标和 y 坐标的数值，然后生成这些坐标数据的函数图形，无论是微软的 Excel 还是国内的 WPS 表格都可以．具体操作方法如下：

> 打开电子表格后，默认会有一个空白的表格，在第一列开头写个 x，第二列开头写个 y. 然后按照由小到大的顺序，先在第一列的单元格中输入一些数字，如 –3、–2、–1、0、1、2、3，然后在和它对应的第二列中，直接输入公式．先输入一个等号，再把需要的公式输入进去，如果我们希望 $y = x + 3$，就可以先点一下左边的格子，然后再输入一个 +3，点击回车键，结果就会显示出

来．为了快速计算出其他几组数据，还可以把带有公式的单元格快速复制粘贴到第二列的其他单元格中，于是，我们就生成了几组坐标数据．有了这些数据以后，我们再通过鼠标选中数据区域，然后点击生成图表按钮，选择那个自带平滑线的XY散点图，一幅函数图象就生成了（如图12－3所示）．通过这种方式，作图的效率大大提升．

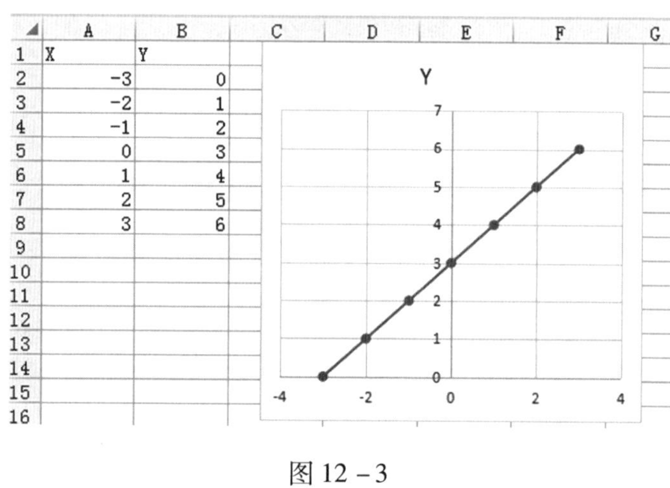

X	Y
-3	0
-2	1
-1	2
0	3
1	4
2	5
3	6

图12－3

关于函数，虽然已经做出很多解释，但仍然会存在很多疑问：

函数是一种数字类型吗？不是！

函数是一个变量吗？不是！

函数是一个方程式吗？也不是！

函数是一个图象吧？仍然不是！

◎ 函数就是加减乘除

函数是什么呢？函数就是加减乘除的组合．怎么样？这个答案是否出乎你的意料呢？函数怎么可能是加减乘除呢？别忘了加减乘除是世间万物的普遍规律．除了点、线、面以外，难道就没有别的方式来表示加减乘除了吗？现在答案终于出来了，这个答案就是函数！接下来我们就通过直角坐标系来感受一下函数的概念．

在解释加减乘除之前，先说一说最简单的等号，等号即是最简单的数学运算符号，又是最简单的函数运算形式．等号背后的逻辑非常简单，因变量 y 直接等于自变量 x，比如穿过圆心的线段长度等于圆的直径．如何把 $y=x$ 这个函数画在坐标轴上呢？首先，画出一个空的坐标系，在确定了原点和单位长以后，在横、竖两个坐标轴上标记出刻度；然后，从原点开始，分别向左、右两端描点，因为 $y=x$，所以当 $x=0$ 的时候，y 也等于0，那么，当 x 等于其他数值时，y 的情况如何呢？为了清楚地描述它们的对应关系，可以在一个表格上把这些数据整理出来，当 x 分别等于1，2和 -1，-2 时，y 对应的数值如表12－1所示．

表12－1

x	-2	-1	0	1	2
y	-2	-1	0	1	2

我们把这些坐标数据逐一描绘到坐标系上，最后再通过平滑的方式把他们连接起来．当我们把这些点连接起来以后就会发现，这是一条从左下角经过原点穿向右上角的斜线，这条斜线和 x 轴、y 轴的夹角都是45°，经过这条斜线的切分，整个平面直角坐标系被均匀地平分成了两个部分．在这条直线上，我们可以发现：y 随着 x 的增大而增大，随着 x 的减小而减小．（如图12－4所示）每当我们指定一个 x 的数值，就可以得到一个唯一确定的 y 值，所以

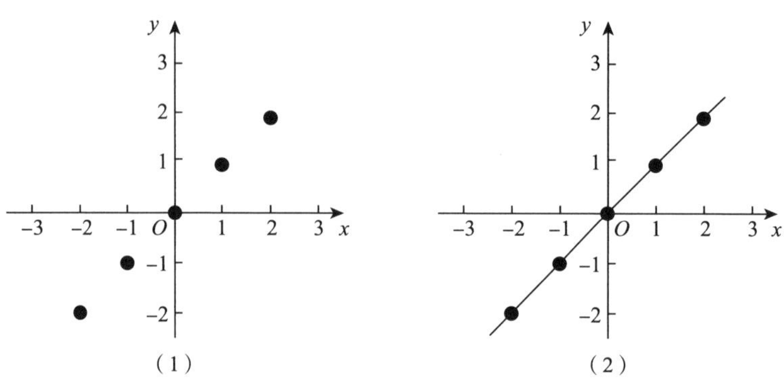

图 12 -4

这两者之间符合函数关系.

说完了等号，接下来就该说加法了. 加什么呢? $y=x$ 加上一个数字. 就以 $y=x+2$ 为例研究一下这个问题，还是要重画坐标轴，重新描点连线. 这个函数的坐标数字和函数图象如表 12 -2 所示.

表 12 -2

x	-2	-1	0	1	2
y	0	1	2	3	4

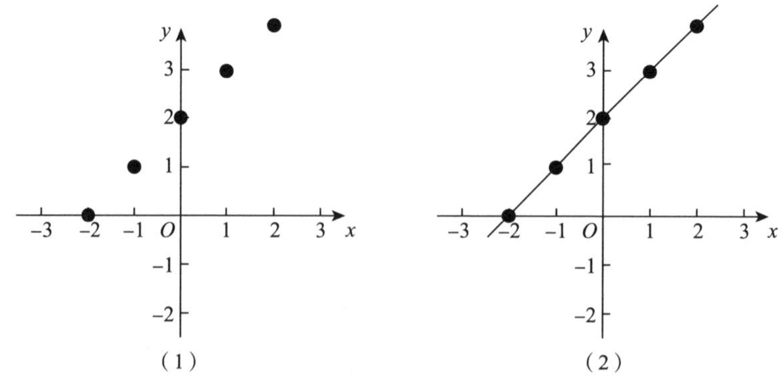

图 12 -5

我们不难发现，和上一个图象比，这条斜线沿着 y 轴往上移动了 2 个单位长．它仍然是一条沿着 45°方向倾斜的直线，只不过原来 $y=x$ 的直线是经过原点的，现在这条直线沿着 y 轴往上移动了 2 个单位长，它经过的 y 轴上的点坐标为（0，2），同时因为向上移动了，导致它在往左下角延伸的时候，也扫过了 x 轴上的（-2，0）这个点．（如图 12－5 所示）当然，要研究函数变化的规律，仅仅画出一条直线是远远不够的，如果你多画几条类似的函数图象，就会发现，y 等于 x 加上几，这条直线就会沿着 y 轴相应地移动几个单位长．

按照同样的办法，我们尝试减法的规律：比如 $y=x-1$，如果把这条函数图象作出来就会发现，它仍然是一条直线，只不过沿着 y 轴下移了 1 个单位长，x 减去一个数字相当于加上一个负数．（如图 12－6 所示）这个现象背后的道理非常简单，我们不做详细描述．

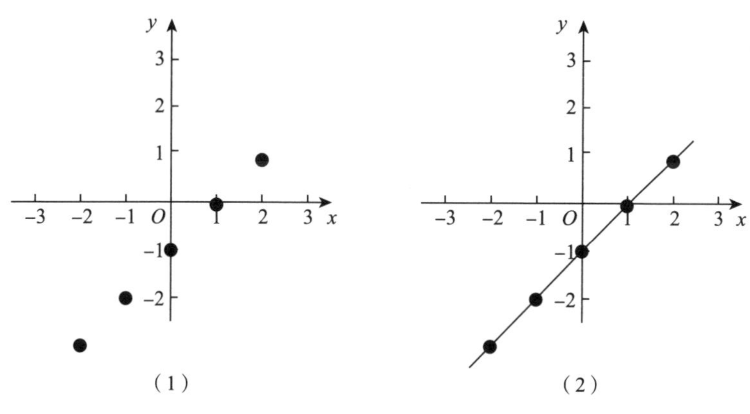

图 12－6

讨论完了加减法，再看看乘除法．首先尝试一下作出 $y=2x$ 的图象，过程仍然是先整理坐标数据再描点．描点后连线就会发现，得到的仍然是一条直线，它与 $y=x$ 的唯一区别在于，这条直线更

靠近 y 轴了，它和 x 轴的夹角更大了．同样，如果我们把 $y=x/2$ 的函数图象画出来就会发现，这条线比 $y=x$ 的曲线更加远离 y 轴了，它和 x 轴的夹角更小了．（坐标数据整理如表 12－3 所示；图象见图 12－7）

表 12－3

x	-2	-1	0	1	2
$y=2x$	-4	-2	0	2	4
$y=\frac{1}{2}x$	-1	-0.5	0	0.5	1

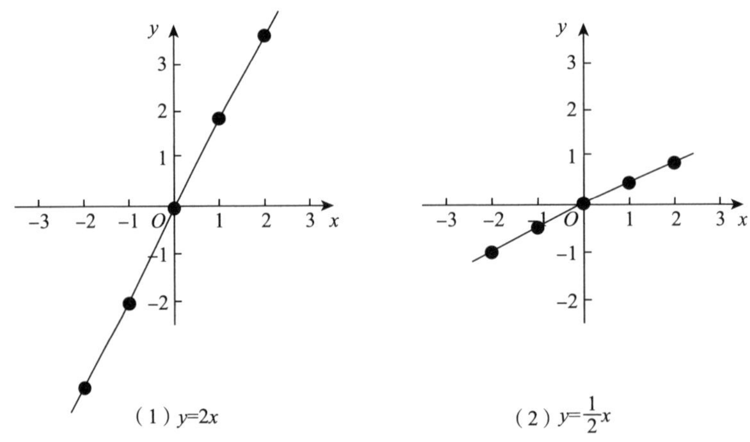

图 12－7

为什么会产生这样的效果呢？那是因为，和 $y=x$ 相比，y 的变化率发生了变化．什么叫变化率呢？就是说 x 每增大 1，y 相应地增加多少，在函数 $y=x$ 中，x 每增大 1，y 也随之增大 1，所以它的函数图象就是稳稳的 45°线．而在函数 $y=2x$ 中，x 每增加 1，y 却增大 2，于是这条直线看起来就更加陡峭了．相反，在 $y=\frac{1}{2}x$

的图象中，x 增大1个，y 只增大0.5，因此直线的倾斜程度就要平缓得多．y 的变化率直接决定了直线的倾斜度，因此 y 的变化率也叫斜率．而表示这一斜率的正是 x 的系数．这就是乘除函数产生的效果．

研究完了基本的函数图象特征以后，还可以进一步研究组合函数的特征．如果把 $y=2x+1$ 的图象与 $y=2x$ 的图象相比就会发现，两者的区别同样仅仅是沿着 y 轴移动了1个单位长而已．（如图12－8所示）

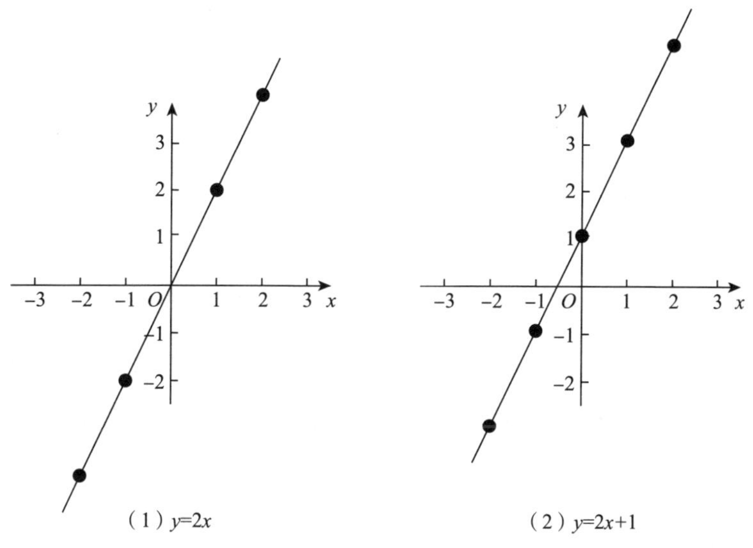

图12－8

因此我们可以认为，函数图象加减乘除的效应不但是独立存在的，而且是可以相互叠加的．无论函数图象的形状多么复杂，只要我们发现两个函数图象形状相同，只是上下的位置不同，我们就应该知道，两个函数之间存在着加减的关系．关于这部分内容，后面我们还会做更详细的介绍，这里只是通过这些实例初步感受一下函数图象的变化规律．函数其实并不神秘，它只是结合了代数表达式和几何图形的优势，让我们用更加直观的方式来管理变化着的数据，如此而已.

最后，我们仍然要解释一下函数的意义：既然函数就是加减乘除，那么，我们为什么还要发明函数这个概念呢？因为世界上最基本的运算关系就是加减乘除乘方开方，而在实际生活中，两个变量之间的运算关系却是复杂多样的. 在这种情况下，我们不可能为每一种运算方式发明一种新的运算符号. 以 $y=2x+3$ 为例，x 和 y 两个变量的关系中既有乘法又有加法，难道我们还能因此发明一个“乘加”运算符吗？不能，我们只能把天下所有的运算关系都归集到一起，为它们起一个统一的名字叫作函数. 因此，我们也可以概括地说：函数只不过是运算关系的统称.

我们还可以把函数再做一个形象的类比，在现代化的工厂中，有很多全自动的智能装备，当我们把水果扔进一个饮料生产线以后，打包好的果汁就自动生产出来了；当我们把奶油扔进冷饮生产线以后，冰激凌就自动生产出来了. 因此，我们也可以认为，函数就是一种自动处理数据的设备，我们只要把待处理的自变量扔进去，因变量的结果就会自动生成. 在自动化工厂中，我们不用了解自动机械的原理，就可以使用它制作各类产品；同样，当我们使用函数的时候，也完全可以在不了解函数细节的情况下，用它解决实际问题.

◎ 线性函数：通过解析几何解决实际问题的方法

接下来，我们就把加减乘除在代数、几何和解析几何中的实现方式做一个详细的比较.

在代数学里，加减乘除的运算分别对应着多项式的展开、合并同类项、因式分解等操作，其中的因式分解是一个非常复杂的问题，而且我们一次计算只能得到一个数字. 在几何学里，加减运算相对比较简单，但是乘除运算就需要用到相似三角形缩放的原理，实现起来很不容易，而且只能对线段乘除，角度是无法除的. 在解析几何里，加减乘除对应的只是函数图象的移动和缩放操作，加减是图象沿着 y 轴上下移动，乘除是图象沿着竖直的方向缩放. 一条函数图象代表了无数组数据，根据一条函数图象轻松得出另一条函数图象的时候，等于得到了另一个函数的无数组对应数据. 这就是笛卡尔灵光一闪，激动得跳起来的根本原因.

不过，把函数同加减乘除运算作比较，只是为了加深理解，从严格意义上讲，没有加减函数及乘除函数的说法. 在研究函数的时候，通常都会按照变量的变化规律及函数图象的特征对函数进行分类，所谓加减乘除函数，因为函数图象都是一条直线，所以被统称为线性函数. 线性函数又是一次函数，一般表达式为 $y=kx+b$，其中 $k\neq0$，叫一次函数是因为自变量 x 的次数是1. 当 $b=0$ 时，即表达式是 $y=kx$，此时函数图象是一条经过原点的直线，称为正比例函数. 因此，正比例函数是一种特殊的一次函数. 接下来分析一下线性函数的基本特征.

为什么线性函数的图象都是一根直线呢? 因为 x 的系数是固定的，因此每当 x 增加 1 的时候，y 总是会增加一个固定的数值，而这个固定的数值又对应着这个直线的斜率，斜率不变，所以这个线就是一条直线了. 在表达式 $y=kx$ 或者 $y=kx+b$ 里面，这个不变的斜率就是 x 的系数 k. 不过，y 随着 x 的增加而增加，指的是 k 是正数的时候；当 k 是负数的时候，y 就会随着 x 的增加而减小．比如函数 $y=-x$，它就是 $k=-1$ 的线性函数．如果把它的函数图象作出来就会发现，这个函数图象变成了一条从左上角到右下角倾斜的直线，所以说当 $k<0$ 的时候，y 随着 x 的增大而减小．（如图 12－9 所示）

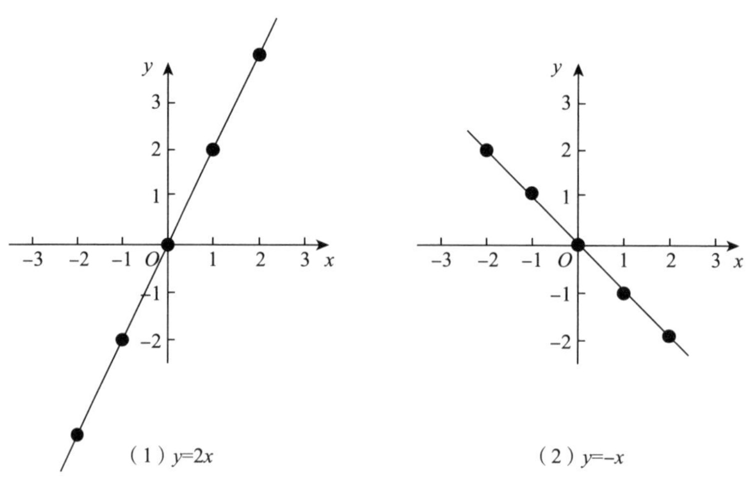

图 12－9

k 本身有什么变化规律？当 $k>0$ 的时候，k 越大，y 增加得就越快，这条直线就越靠近 y 轴，直线的倾斜度就越大，坡度就越陡峭；k 越小，y 增加得就越慢，这条直线就越远离 y 轴，直线的倾斜度就越小，坡度就越平缓．无论是正比例函数，还是一次函数都有这个特点．当 $k<0$ 的时候，k 越大，直线越靠近 x 轴，倾斜角越小；k 越小，直线就越靠近 y 轴，倾斜角越大．请务必牢记这一点，千万不要以为正比例函数就一定是 y 随着 x 的增加而增加的，那得看 x 的系数 k 的正负才能确定．

最后，正比例函数和一次函数的区别是什么？从图象上看，正比例函数的直线是经过原点的，但一次函数的直线不一定经过原点，

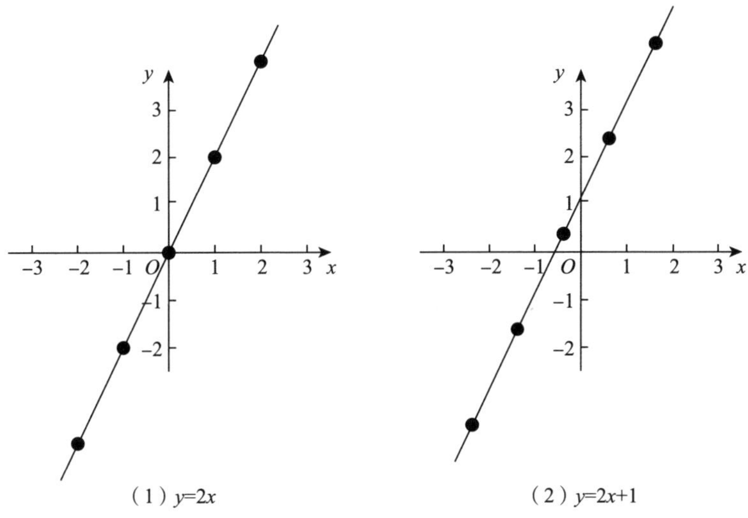

（1）$y=2x$　　（2）$y=2x+1$

图 12－10

它会沿着 y 轴移动一段距离.（如图 12－10 所示）从表达式上来看，它们唯一的区别就在于一次函数加上一个常数 b，加了这个常数以后，原来的那条直线就会沿着 y 轴的方向上下移动. 如果 b 是正数，图象就往上移动；如果 b 是负数，就会往下移动. 因此 b 就是在 y 轴上移动的距离，因为它相当于在 y 轴上截出了一段距离，所以把 b 叫作一次函数的截距. 一次函数 $y=kx+b$ 也可以理解为：函数值 = 斜率 × 自变量 + 截距. 以上就是线性函数的基本性质.

在现实生活中，线性函数有什么用？接下来就用这个函数图象解决一个实际问题.

某公司今年计划盈利 800 万元，已经实现盈利 600 万元，每个月还能盈利 50 万元，请问几个月后才能达成目标？这是非常简单的一个问题，用这个 800 万元减去 600 万元，然后再除以 50 万元就可以得到结果. 现在学习了解析几何，就需要换一种思路来解决问题. 刚刚接触方程式的时候，曾经从算术思维过渡到代数思维，现在要想用好函数图象这个工具，需要从代数思维过渡到解析几何的思维方式．

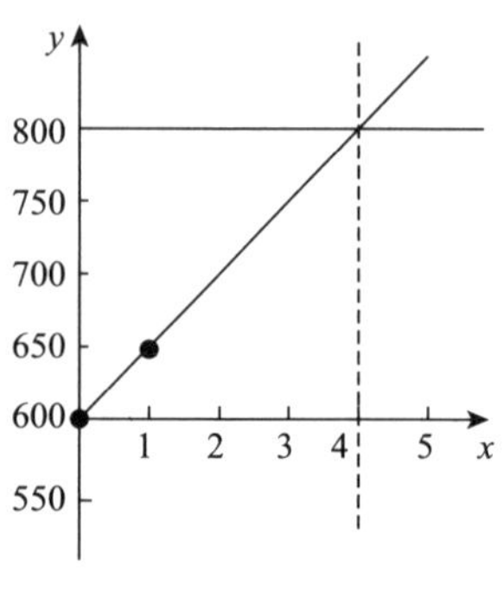

图 12－11

如果用 y 轴来表示公司赚的钱，单位是万元，用 x 表示时间，那么公司赚 800 万元就是 $y=800$，不管哪一天实现，不管 x 是多少，y 都等于 800，这样，我们就能在 $y=800$ 的位置上，画出一条水平的线来，这就相当于公司的目标线，至于哪个月能达到，我们先不管，反正目标先定在这里了．接下来，我们再画出公司的实际利润线，现在公司有 600 万元，就先在 y 轴的 600 这个地方描上一个点．同时，公司每个月还能赚 50 万元，如果我们用 x 轴表示月份，那就是说，当 $x=1$ 的时候，y 轴加上了 50，变成了 650，这时候，我们又得到了另一个点的坐标，那就是（1，650），我们知道每个月固定赚 50 万元，说明它的增长速度是均匀的，因此这是一个线性函数，它的图象是一条直线，又因为两点之间可以确定一条直线，所以，我们就可以把（0，600）和（1，650）这两个点连起来，这条斜线一作出来，它就和 $y=800$ 的这条水平线产生了一个交点，这个交点所对着的 x 轴坐标，就是我们达到目标的具体时间．（如图 12－11 所示）以上就是通过解析几何来解决实际问题的方法．请你认真体会一下，这个过程是不是和几何作图的思路很接近呢？都是通过两条线找到一个交点．

不过，对于这个题目而言，通过这种方法解决，的确没有提供什么方便．本来一道简单的算术题，变成了几何图形以后，反而会越来越复杂了．不妨反过来想一下，如果这本来就是一道几何题呢？是不是就可以通过这种方法把它变成简单的算术了呢？没错，这就是解析几何的好处，当我们打通了几何和代数的壁垒以后，遇到实际问题时，怎么方便就怎么来．而且笛卡尔当年发明这个解析几何，主要就是通过代数方法解决几何问题的．要不然为什么把这门学问叫解析几何，而不把它称为图形代数呢？

◎ 线性函数的应用：代数问题和几何问题

学习了解析几何以后，我们就可以利用函数图象来把一个代数问题转换成一个几何问题．同时，由于这种转换是相对的，在遇到一个几何问题的时候，也可以当作代数问题来看待．比如：如图 12－12 所示，经过坐标系上两个点作一条直线，请问，这条直线

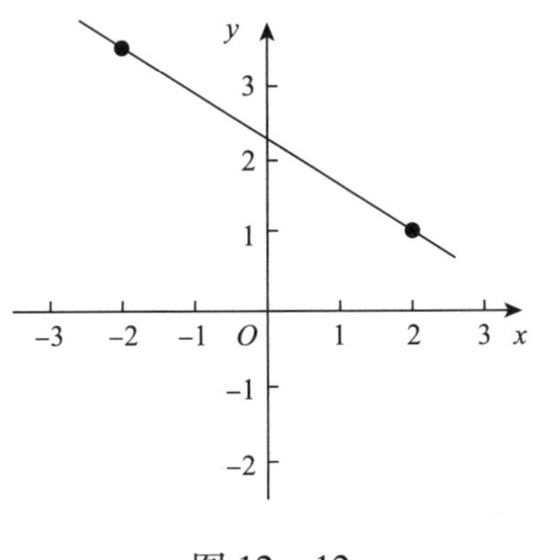

图 12－12

和 y 轴的交点坐标是什么？

很明显，这就是一个简单的几何问题，由于两点确定一条直线，既然两个点的坐标都有了，我们用直尺把它们连接起来不就可以了吗？可是，画完这条线你就会发现，自己很难精确指出坐标位置到底是多少．当直线与 y 轴相交的点介于 2.3 和 2.4 之间时，谁能告诉我们，这个坐标值到底是 2.32 还是 2.33 呢？几何作图问题会受到精确度的限制，不能得出准确的结果．要想求得坐标的精确数值，就必须借助代数表达式的帮助，就必须把这个几何问题转换成代数问题，这也就是笛卡尔发明解析几何的主要目的．

接下来，我们就一起来分析一下这个问题：比如，题目给出的两个坐标点分别为（3，4）和（6，10）．那么，过这两点的直线会经过 y 轴的什么位置呢？在坐标系中，直线对应的函数一定是线性函数，解析表达式一定只能是 $y=kx+b$ 的形式，而且这条直线和 y 轴的交点的纵坐标就是 b. 理解了这一点以后，我们就可以根据两组坐标数字求得函数中 k 和 b 的精确数值．

在这个世界上，似乎并不存在一成不变的东西，变化之中隐藏着不变的性质，不变之中隐藏着变化的规律．一个函数中的变量和常量也是如此：在 $y=kx+b$ 这个函数表达式中，x 和 y 应该是变量，k 和 b 都应该是常数．但只是一个常识，具体问题还必须具体分析，比如，现在我们知道的两组数据就都是 x 和 y 的坐标数据，k 和 b 的情况一概不知，所以此时就可以把 k 和 b 看成是变量，把 x 和 y 看成是常数，只要把 x 和 y 对应的两组坐标数据代入到 $y=kx+b$中，就可以得到一个二元一次方程组，解出这个方程组，就不难求出 k 和 b 的值，因为 k 和 b 都是方程的系数，数值是暂时不确定的，所以这种求解方法，又叫作待定系数法．

待定就是等待确定，怎么确定？只能靠 x 和 y 的坐标数据来确定！

我们把（3，4）和（6，10）这两组坐标代入到 $y=kx+b$ 中，就可以得到如下方程组：

$$\begin{cases}4=3k+b,\\10=6k+b,\end{cases}$$

两式相减，得到 $3k=10-4=6$，

解得 $k=2$，

再把 $k=2$ 的结果代入到 $4=3k+b$ 中，

得到 $b=4-3k=4-6=-2$.

因为一次函数和 y 轴的交点纵坐标是 b，所以我们就知道，它在这一点的坐标为（0，－2）. 这样，我们就成功地通过代数方法求解了一个几何问题.

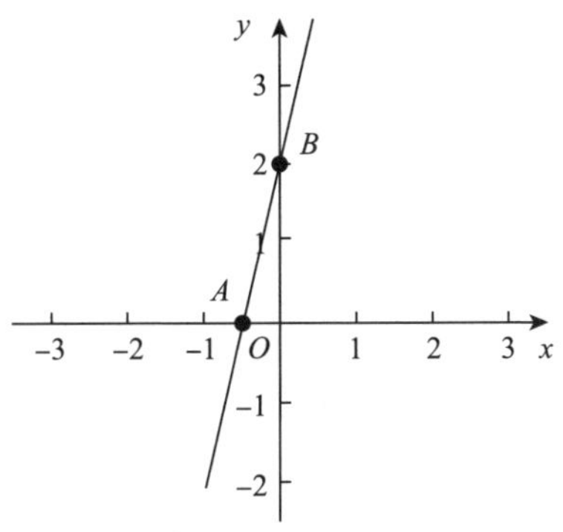

图 12－13

接下来，我们再处理一个问题：如图 12－13 所示，已知直线 AB 的函数表达式是 $y=4x+2$，同时直线 AB 分别与 x 轴 y 轴相交于

A、B 两点，则 AB 和原点 O 之间的三角形 AOB 的面积是多少？让我们分析一下：由于 x 轴和 y 轴的夹角是直角，所以这个三角形的面积，可以通过 x 轴 y 轴上的两条直角边来计算．因此，我们只需要求出 x 轴与 y 轴上的交点坐标即可．y 轴的交点很简单，因为线性函数的常数项就是 y 轴的截距，所以根据函数表达式 $y=4x+2$ 直接就能得到，y 轴的交点肯定就是（0，2），那么 x 轴的交点是多少呢？由于 x 轴上所有点的 y 轴坐标都是0，所以 x 轴上的交点，就是当 $y=0$ 的时候，x 的对应数值．完整的解题过程如下：

把 $x=0$ 代入 $y=4x+2$，得到：$y=2$，即 $OB=2$；

把 $y=0$ 代入 $y=4x+2$，得到：$0=4x+2$，

解得 $x=-\frac{1}{2}$，即 $OA=\frac{1}{2}$，

$$S_{\triangle AOB}=\frac{1}{2}\times OA\times OB=\frac{1}{2}\times\frac{1}{2}\times 2=\frac{1}{2}.$$

上述问题都是通过求解直线和坐标轴的交点来解决的，当任意两条直线相交时，它们的交点坐标又应该如何求解呢？以下面的问题为例：如图12－14所示，两条直线 e_1、e_2 相交于点 E，已知两条直线的函数解析式分别为 $y=ax+b$ 和 $y=cx+d$，求 E 点的坐标．

既然是两条直线的交点，说明它应该既在第一条直线上，又在第二条直线上．也就是说，这个点既满足第一个函数的要求，又满足第二个函数的要求．这就意味着当 x 等于某一数值的时候，两个函数的 y 值是相同的，因此，我们只需要把这两个函数式当作方程组联立一下方程，就可以求出 x 的数值．具体过程如下：

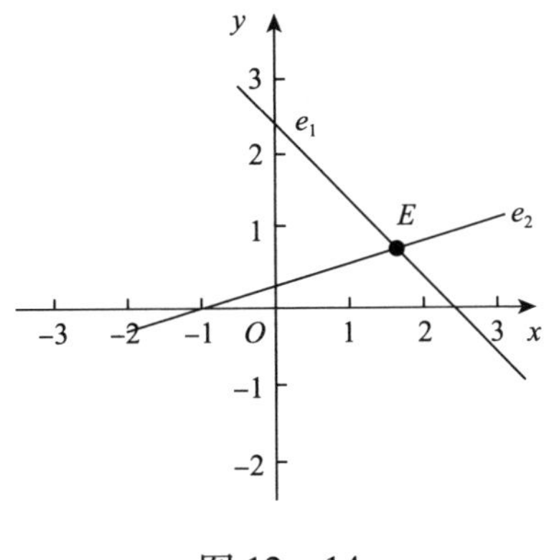

图 12－14

$$\begin{cases} y = ax + b, \\ y = cx + d, \end{cases}$$

两式相减，得到：$(a-c)\ x = d - b$，

解得：$x = \dfrac{d-b}{a-c}$，

代入 $y = ax + b$，得到：$y = \dfrac{ad-bc}{a-c}$，

∴ 当 $a \neq c$ 时，E 点的坐标为 $\left(\dfrac{d-b}{a-c}, \dfrac{ad-bc}{a-c}\right)$，

当 $a = c$ 时，两直线平行，无任何交点 .

到这里，可以发现，原来求两条直线的交点，就是求解二元一次方程组 . 不过我们还要知道，虽然是通过解方程的方式求得了两个函数的交点，但是不要把函数和方程的概念混淆 . 千万不要以为形如 y 等于多少 x 的方程式就是函数 . 虽然两个表达式的形式完全相同，含义却是不同的：方程强调的是等量关系，而函数强调的是运算关系 . 这就好比同样一个人，在老师面前，他就是个学生；在父母面前，他就是个儿子，但不能因此认为儿子和学生是同一个含义 .

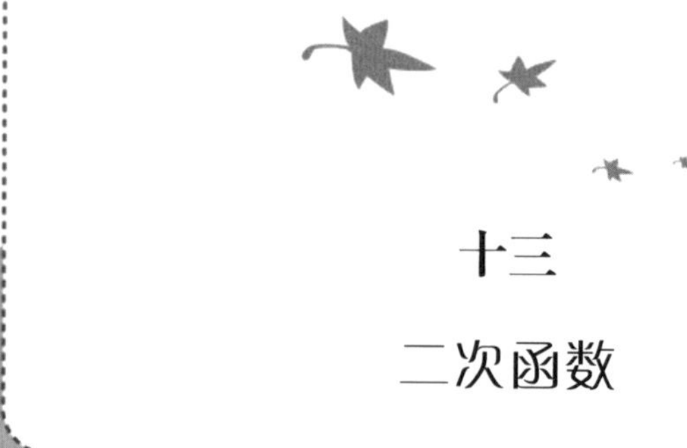

十三

二次函数

◎ 勾股定理：代数知识和几何知识的巧妙结合

通过解析几何的帮助，可以把几何问题转换为代数问题，但这并不意味着几何学只能处于从属地位．有一个看起来极其简单的问题，必须依靠几何的帮助才能解决．这是一个什么问题呢？求取任意两点间的距离，比如（2，3）到（5，7）这两点之间的直线段的距离等于多少？假如我们把这两点的坐标画出来就会发现，这两点之间的连线，它既不是水平的，又不是垂直的，它和 x 轴、y 轴都有一个夹角．在这种情况下，用代数方法求解，只能拿一根尺子量一量．用几何方法，只能叉开圆规测量一下，再到坐标轴上去对比，仍然得不到精确结果．要想解决这个问题，必须要靠代数与几何通力合作才行．接下来我们就一起来分析．

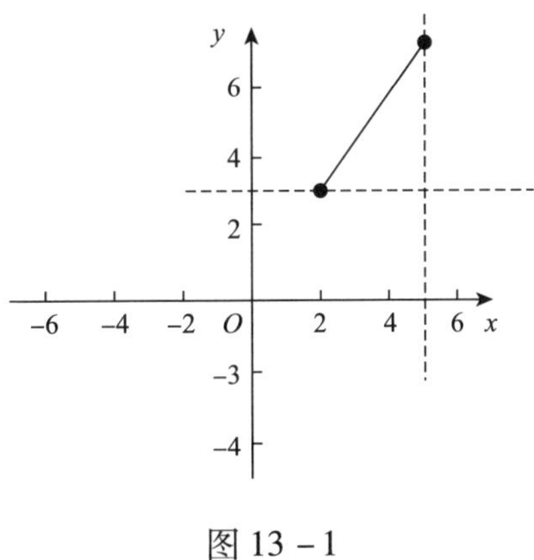

图 13 – 1

两点之间的连线是斜线不要紧，我们可以先把它转换成两条直线，首先，我们经过（2，3）这一点作一条 x 轴的平行线，然后再过（5，7）这一点作一条 y 轴的平行线．（如图 13 – 1 所示）于是，在这两条平行线和斜线之间就形成了一个直角三角形：三角形水平的直角边的长度，等于两点横坐标的差；垂直的那条直角边的长度，等于纵坐标的差．经过计算不难得出，该直角三角形的两条直角边的长度分别是 3 和 4，它的斜边长度就可以求得了．此时，需要借助几何学，来探究一下直角三角形的三边关系．

首先，我们假设这个直角形的两条边的长度分别是 a 和 b，再假设它的斜边长度是 c，现在我们就试一试，看看这个 c 能不能通过 a 和 b 的加减乘除来表示．为了研究这个问题，我们可以把四个同样的直角三角形首尾相接，拼合成如图 13 – 2 所示的形状．

如图 13 – 2 所示，当四个直角三角形斜边朝内摆在一起时，中间和外围刚好拼成了两个正方形，内部的正方形边长就是原三角形的斜边 c，外围的正方形边长正好就是原三角形的两个直角边 a 与 b 的和．那么，这两个图形真的是两个完美的正方形吗？是否任意四个直角三角形都能拼合为这样形状呢？让我们来分析一下．

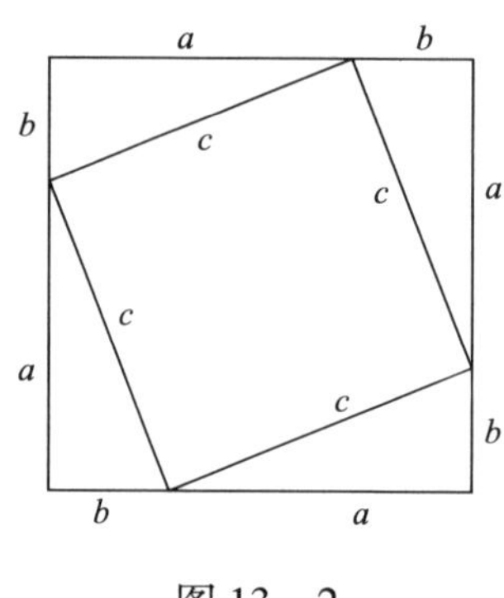

图 13－2

首先，外围正方形的四个角都是原三角形的直角；其次，两条直角边 a 和 b 是可以拼合成一条直线的；最后，当四个边长都是 $a+b$ 的时候，我们就组成了一个四边相等、四个角都是直角的四边形．因此，外围的图形一定是正方形．那么内部的四边形呢？首先，我们可以知道它的四边都等于斜边 c 的长度；其次，它的四个角度都等于平角先后减去直角三角形的两个锐角．由于直角三角形两个锐角之和一定等于 90°，所以它的四个角也一定是直角．所以，内部的图形也一定是正方形．于是，我们就可以根据这几个图形的面积关系，推断出直角三角形的三边关系了．

根据图示，内部的正方形面积等于外围的正方形面积减去四个直角三角形的面积．

$$(a+b)^2-4\times\frac{1}{2}ab=c^2,$$

左式展开，得到 $a^2+2ab+b^2-2ab=c^2$，

化简，得到 $a^2+b^2=c^2$．

也就是说，在任意一个直角三角形中，斜边平方等于两个直

角边的平方和．早在数千年前，古代中国、古代希腊和古代印度的数学家们都曾经独立地发现了这个定理．按照中国的传统习惯，我们常把直角三角形中，较短的一条直角边叫作勾，较长的直角边叫作股，直角三角形的斜边叫作弦，所以这个定理又被叫作勾股定理．据说这个定理的证明方法有 400 多种，但要证明这个定理，必须要依靠代数知识和几何知识的巧妙结合．当然，这个定理的完整证明是古希腊的毕达哥拉斯首先完成的，因此西方普遍把这个定理称为毕达哥拉斯定理．

证明了勾股定理以后，我们就可以计算平面上任意两点之间的距离了．在刚才的题目中：直角三角形的两条直角边分别是 3 和 4，假设斜边长是 c，根据勾股定理可知：

$$a^2 + b^2 = c^2,$$

$$\begin{aligned} c &= \sqrt{a^2 + b^2} \\ &= \sqrt{3^2 + 4^2} \\ &= \sqrt{25} \\ &= 5 \end{aligned}$$

3、4、5，多么和谐的一组数字啊，在我们中国，勾三股四弦五一直就是对勾股定理的简称．但可惜的是，并非所有的整数都符合勾股定理的这种关系，我们把符合这种条件的整数叫作勾股数，这些数字除了 3、4、5 之外，还有 5、12、13，当然，它们的整数倍同样符合平方和的这种关系，但是大部分的整数就没这么幸运了，比如，两个直角边都等于 1 的直角三角形，它的斜边长度就等于$\sqrt{2}$，倒霉的希帕索斯就是因为这个$\sqrt{2}$的问题白白牺牲了．

不过，勾股定理带给我们一种通过几何作图求解无理数的办法：可以不断在纸上作出一个个如图 13－3 所示的直角三角形，这样所有自然数的平方根就依次展开了.

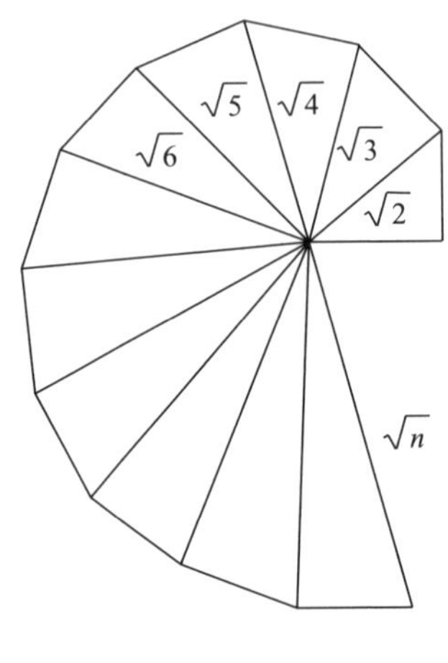

图 13－3

首先，我们通过两个边长为 1 的直角三角形，就可以得到一条长度为 $\sqrt{2}$ 的斜边 c_1，然后我们再以 $\sqrt{2}$ 作为一个新的直角边，垂直于它继续作出一个边长为 1 的直角边，于是新的直角三角形的斜边长度 $c_2^2 = (\sqrt{2})^2 + 1^2$，因此新的斜边长度就是 $\sqrt{3}$，随后再次重复上述过程，就可以依次得到 $\sqrt{4}$，$\sqrt{5}$，$\sqrt{6}$，…，$\sqrt{n}$，随着这些三角形的斜边越来越长，这些三角形会形成一条漂亮的螺旋曲线.

通过勾股定理的证明过程，我们可以感受到几何学和代数学融合以后产生的巨大威力. 那么，对于相对复杂的二次函数，解析几何又能提供哪些帮助呢?

◎ 二次函数曲线：解析几何能提供哪些帮助

先来看一个最简单的二次函数 $y = x^2$. 为了了解这个函数的基

本特征，先从基本的描点连线绘图开始．首先，画出一个空的坐标系；然后，依次计算出准备描的点的坐标数据，由 $y = x^2$ 得到表 13 -1 所示的坐标数据．

表 13 -1

x	-2	-1	0	1	2
$y = x^2$	4	1	0	1	4

通过坐标数据描点连线完成后，我们发现，$y = x^2$ 的函数图象是一条 U 形曲线，它的最低点经过原点，左右对称并且开口向上，在 $x>0$ 的情况下，随着 x 的逐渐增大，y 的增大速度会变得越来越快，因此，这条曲线的倾斜度会越来越陡．（如图 13 -4 所示）这就是一条典型的二次曲线，由于它和物体在重力场中抛落的轨迹高度相似，因此二次曲线又被称为抛物线．

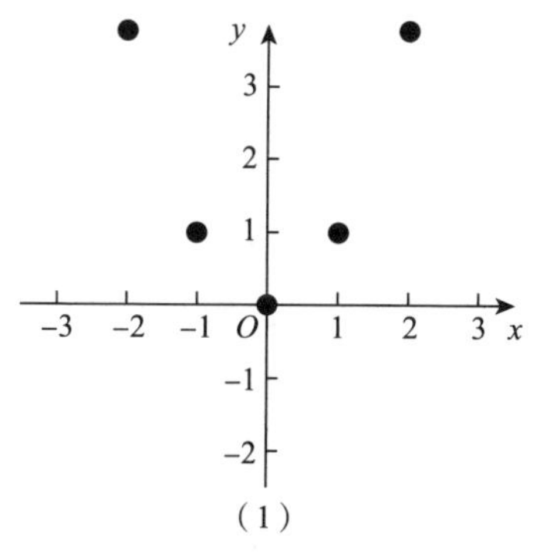

（1）

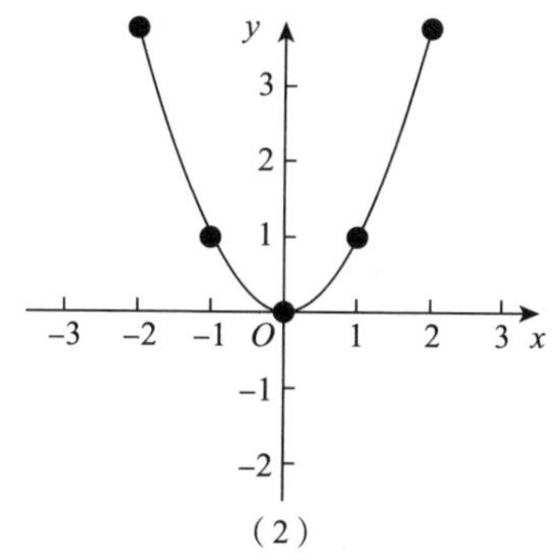

（2）

图 13 -4

接下来，在二次函数形的抛物线上，再次体验一下加减乘除的作用．首先，加减的作用可以让函数图象沿着 y 轴的方向上下移动，如果我们绘制出 $y = x^2 + 1$ 的图象就会发现，函数图象果然是向上移动了 1 个单位长度；同样，如果我们绘制出 $y = x^2 - 2$ 的图象也会发现，函数图象就向下移动 2 个单位长度.（如图 13－5 所示）由此可见，加减的移动变换效应可以独立发挥作用，无论是一次函数还是二次函数，它们的效果都是相同的.

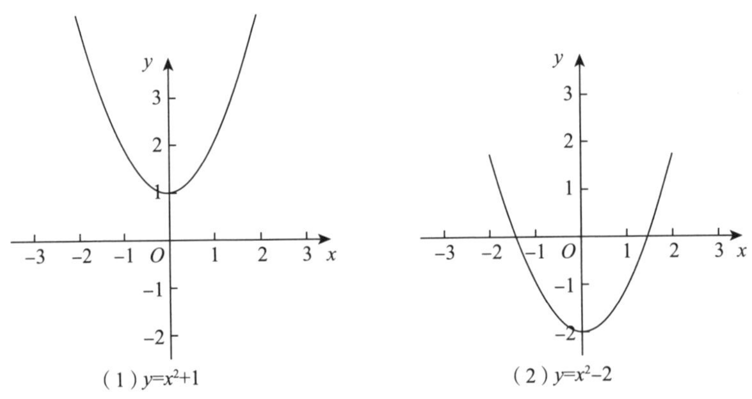

（1）$y=x^2+1$　　（2）$y=x^2-2$

图 13－5

同时，乘除的效果会改变 y 的变化率，导致函数图象在竖直方向上拉伸和压缩. 如果我们作出 $y=2x^2$ 的函数图象就会发现，抛物线的开口变窄了，这是因为 x^2 的系数增大以后，y 增大的速度变快了，虽然抛物线是一条曲线，但是与 $y=x^2$ 相比，开口变窄同样意味着曲线变得更陡了，它的本质和改变一次函数直线的斜率没有差别，同样意味着在 y 轴方向上进行了拉伸放大的作用. 同样，如果我们作出 $y=\frac{1}{3}x^2$ 的函数曲线，就会发现，抛物线的开口变大了，曲线变得比原来更平缓了，这意味着函数图象沿着 y 轴的方向被压缩了. 对于一次函数而言，y 轴的拉伸就意味着直线的斜率变大；对于二次函数而言，y 轴的拉伸就意味着抛物线的开口变窄，y 轴的压缩就意味着抛物线开口变大.（如图 13－6 所示）

最后，我们绘制出 $y=-x^2$ 的函数图象就会发现，当 x^2 的系数变为负数以后，虽然函数图象的形状没有改变，但是与 $y=x^2$ 相

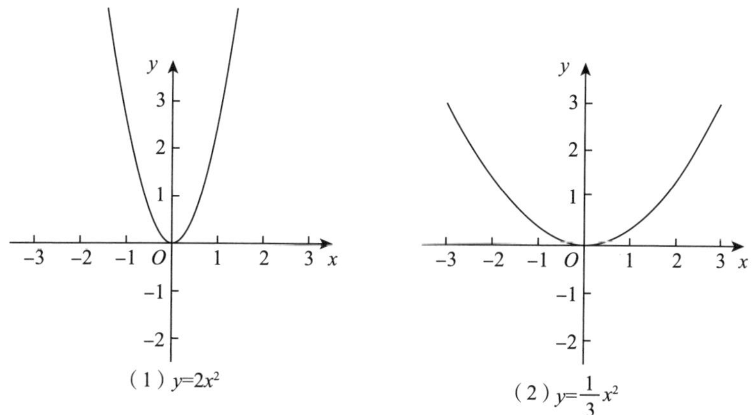

图 13－6

比，抛物线上下翻转，变得开口向下了．此时，如果我们再次尝试 $y=-2x^2$ 的函数图象就会发现同样的结果．（如图 13－7 所示）

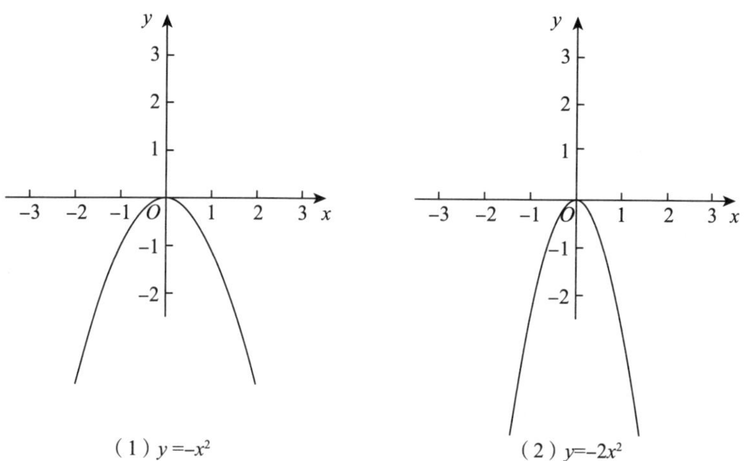

图 13－7

通过上述过程，我们不难发现：对于任何一个函数 $y=ax^2+c$ 而言，改变 a 的绝对值的大小，只会影响抛物线开口的大小，a 的绝对值越大，抛物线的开口越窄；a 的绝对值越小，抛物线的开口越大．改变 a 的正负，只会影响抛物线开口的方向，当 $a>0$ 时，抛物线开口向上；当 $a<0$ 时，抛物线开口向下．改变常数项 c 的值，只会影响抛物线上下的位置，当 $c>0$ 时，抛物线沿着 y 轴向上移动；当 $c<0$ 时，抛物线沿着 y 轴向下移动，但无论如何移动，抛物线始终是在 y 轴的左右两侧严格对称的．

那么，为什么抛物线不能左右移动呢？我们知道，一个标准的二次函数不仅要有二次项和常数项，还应该有一次项，它的表达式应该是 $y=ax^2+bx+c$．如果我们在 $y=x^2$ 的基础上加上个一次项，变成了 $y=x^2+2x$，函数图象又会发生怎样的改变呢？

抛物线的开口大小一点都没变，反倒是位置发生了移动，不但垂直位置移动了，而且水平位置也改变了，抛物线不在 y 轴的两侧对称了，对称轴移动到了 y 轴的左侧．（如图 13－8 所示）

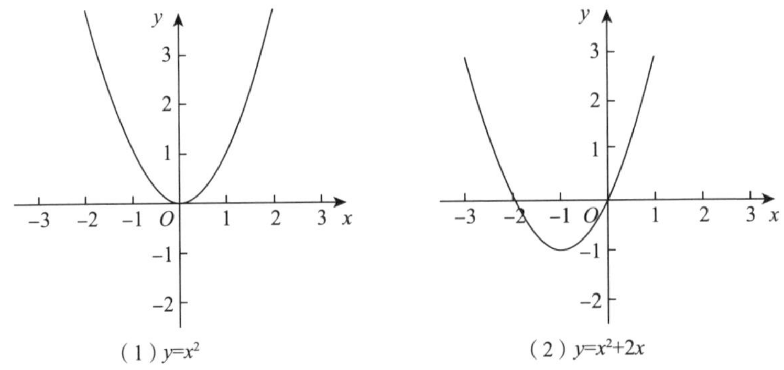

图 13－8

◎ 抛物线的移动

在研究线性函数 $y=x$ 的函数图象时，如果在这个函数的基础上加上一个数字以后，$y=x$ 的这条直线会沿着 y 轴上升，如果你留心观察就会发现，$y=x$ 的这条 45°斜线向上移动的同时，其实也是向左移动了，移动之前它与坐标轴的交点是（0，0），如果把它向上移动 1 个单位长，变成了 $y=x+1$ 以后，它就会和坐标轴相交于两个点，此时它不但会经过 y 轴上的（0，1）这个点，而且会经过 x 轴的（-1，0）这个点．（如图 13－9 所示）

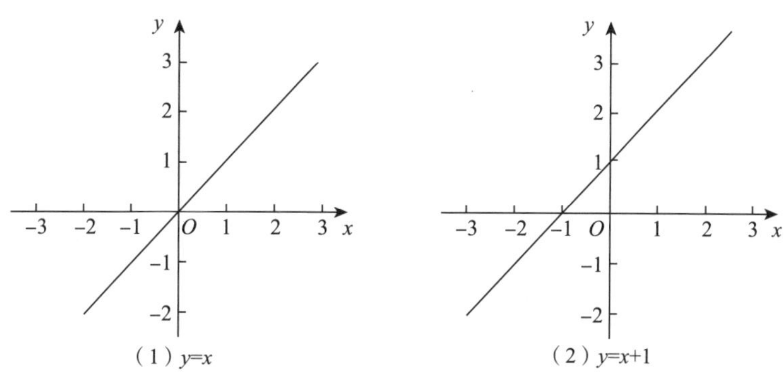

（1）$y=x$　　（2）$y=x+1$

图 13－9

既然一条直线同时向左和向上发生了位移，为什么只强调它向上运动呢？对于这样一根两端无限延长的直线而言，无论是向上移动还是向左移动，最终达到的效果都是相同的．如果只在 $y=x$ 的这条曲线上讨论这个问题，结论永远是说不清楚的，要想明白这个问题，还要看看一次函数的曲线．我们知道，一次函数的解析式是 $y=kx+b$，如果保持 k 的值不变、更改 b 的数值，我们就会发现，b 增减多少，原来的直线就顺着 y 轴的方向上下移动多少，比如$y=2x+1$ 与 y 轴的交点是（0，1），而 $y=2x+4$ 与 y 轴的交点就是（0，4）了，毕竟我们知道 b 代表的是 y 轴的截距，所以有这个情况也并不意外，但关键在于，当直线在 y 轴移动的时候，它也会同时在 x 轴上移动，$y=2x+1$ 与 x 轴的交点是（-0.5，0），而 $y=2x+4$ 与 x 轴的交点就是（-2，0）了．（如图 13－10 所示）虽然

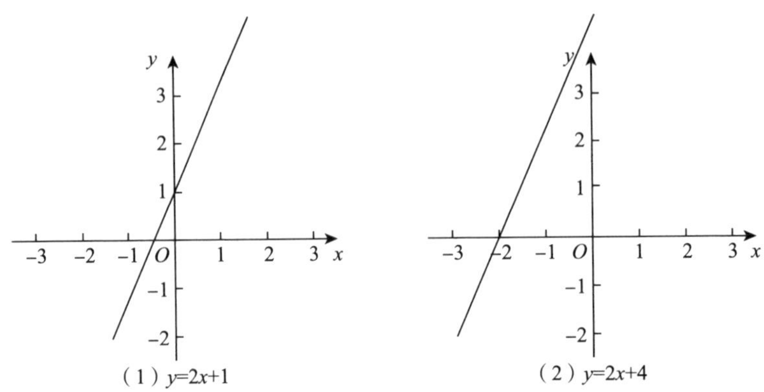

图 13－10

直线在 x 轴上移动的位置不多，但毕竟也发生了移动，那么函数图象在 x 轴上的水平移动到底符合什么规律呢？

在一次函数中，直线的位置之所以随着 y 轴上下移动，并不是因为 y 轴有什么特殊优势，而仅仅是因为计算顺序的不同．在函数 $y=kx+b$ 中，函数是先计算乘法后计算加法，如果我们把这个顺序颠倒过来，把函数变成 $y=k(x+b)$，你就会发现，一次函数不再严格地随 y 轴移动，而是变成随 x 轴移动了．只不过，它的移动和原来 y 轴的移动正好相反，在函数 $y=kx+b$ 中，b 越大，直线越往上移动，直线与 y 轴的截距越大，但是在函数 $y=k(x+b)$ 中，b 的值越大，直线就越往左移动，直线与 x 轴的交点就越小．这是为什么呢？

对比一下 $y=kx$ 与 $y=k(x+b)$ 就会明白了．新函数中的 $x+b$，相当于新的函数中的 x，这就意味着，如果原来的函数 $x=0$ 时 $y=0$，那么新函数就要在 $x+b=0$ 的情况下，y 的值才等于 0 了．$x+b=0$，当然 x 就等于 $-b$ 了．但是，为什么 x 轴和 y 轴移动的方向相反呢？按道理说不是应该是加变大，减变小吗？可是 $y=k(x+b)$ 的情况偏偏是，加一个数 x 轴的交点变小，减一个数 x 轴的交点反而变大．这又是为什么呢？

如果把 $y=kx+b$ 变个形就会得到：$y-b=kx$. 原来的加 b 会变大，那是因为它在等式右侧，因为是在自变量 x 的数值上加的，如果把 b 通过移项挪到等式左边以后，它是减法．当然，函数表达式不是方程式，我们把常数项移动到等式左侧，只是便于理解．明白了这一点，就彻底明白了函数移动的基本规律．

对于任何一个函数而言，如果我们在函数计算前，先在 x 后面增减一个数值，函数就会发生左右移动，增加一个数值向左移动，减去一个数值向右移动．而在函数计算完成后再增减一个数值，函数就会发生上下的移动，增加一个数值向上移动，减去一个数值向下移动．这是所有函数的普遍规律，一次函数是这样，二次函数同样是这样．我们可以实验一下 $y=(x+1)^2$ 的函数图象，让 x 先加 1，加完以后再平方，这样得到的曲线，和 $y=x^2$ 相比，由于 x 增加了一个数值 1，所以整个曲线就会向左移动 1 个单位，原来抛物线沿 y 轴对称，现在呢，挪到了 $x=-1$ 的这根竖直的线上．（如图 13－11 所示）通过上述分析，我们终于讲明白了抛物线左右移动的根本原因．

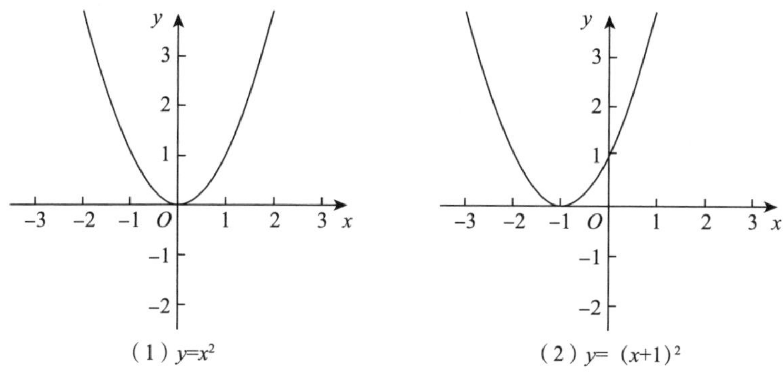

（1）$y=x^2$　　（2）$y=(x+1)^2$

图 13－11

也就是说，对于函数 $y=a(x+n)^2+c$ 而言，a 决定了抛物线的开口方向和大小，n 决定了抛物线的左右位置，c 决定了抛物线的上下位置．但是，对于标准函数 $y=ax^2+bx+c$ 而言，b 又代表了哪些含义呢？其实，只要采用配方法，强制把它配成 $y=a(x+n)^2+c$ 的形式就可以了．

$y=ax^2+bx+c$，

提取系数 a 后，得到 $y=a\left(x^2+\dfrac{b}{a}x\right)+c$，

利用一次项系数 $\dfrac{b}{a}$ 的一半配方，

得到 $y=a\left(x+\dfrac{b}{2a}\right)^2+c-\dfrac{b^2}{4a}$.

最后我们得到了与 $y=a(x+n)^2+c$ 完全一致的形式，只不过，在这个表达式中，n 变成了 $\dfrac{b}{2a}$，常数项变成了 $c-\dfrac{b^2}{4a}$. 于是我们知道，标准二次函数 $y=ax^2+bx+c$ 的图象是这样一条抛物线：它的开口大小和方向由 a 确定，它的对称轴是 $x=-\dfrac{b}{2a}$，同时，它的顶点的坐标为：$\left(-\dfrac{b}{2a},c-\dfrac{b^2}{4a}\right)$. 在二次函数图象中，顶点的位置代表了函数的极值，当 $a>0$ 时，抛物线开口向上，顶点在它的底部，此时函数拥有最小值；当 $a<0$ 时，抛物线开口向下，顶点成了函数的最高点，因此函数拥有最大值；而且仅当 $x=-\dfrac{b}{2a}$ 时，函数才能达到这个极值．

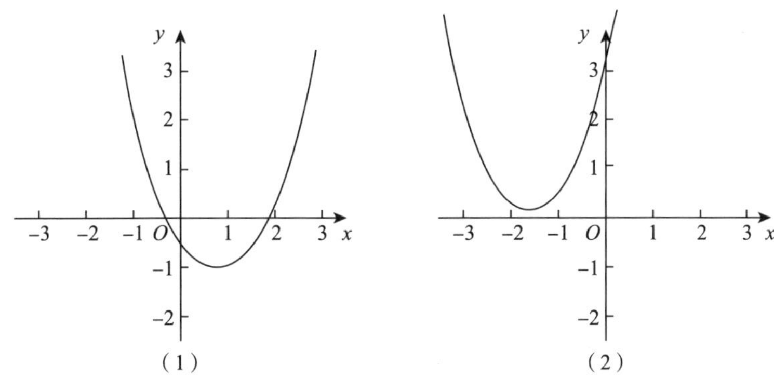

图 13－12

通过函数图象得到的结果不止这些．根据 a、b、c 的取值范围不同，二次函数的曲线与 x 轴的交点分为三种情况：第一，当 $b^2-4ac>0$ 时，抛物线和 x 轴存在两个交点；第二，当 $b^2-4ac=0$ 时，二次函数的极值等于0，它和 x 轴就只有一个交点；第三，当 $b^2-4ac<0$ 时，抛物线和 x 轴完全没有交点．（如图 13－12 所示）

x 轴上的所有点的纵坐标都等于0，如果二次函数 $y=ax^2+bx+c$ 的图象与 x 轴存在交点，就意味着 $ax^2+bx+c=0$ 这个方程式有解，而交点的个数就意味着解的个数．这样的高度契合使我们相信，几何图形和代数表达式只不过是同一个硬币的正、反两面，它们的融合绝不是偶然的，而是隐含着某种必然的规律．

十四 函数变换

◎ 函数的加减法

如果不是在函数的基础上加减一个数字，而是再加减另一个函数，又会发生哪些变化呢？

先从最简单的函数开始：比如 $y=x$ 的函数和 $y=2$ 的函数相加以后，结果会是怎样呢？首先，我们先在坐标轴上画一个 $y=x$ 的函数图象，然后再画一个 $y=2$ 的函数图象．$y=x$ 的函数图象我们已经非常熟悉了，它就是经过原点的一条 45°直线；$y=2$ 的函数图象也很简单，它就是一条和 x 轴平行的水平直线，在这条直线上，无论 x 的数值是多少，y 的数值都等于 2. 现在，这两个函数图象作出来了，把它们加在一起，一条斜线加一条直线等于什么？等于两条相交线吗？不对！真要把它们加在一起，我们必须要把两条函数图象上边所有点对应的数值都加起来.

我们知道，函数表示的是 y 随着 x 的变化而变化的结果. 因此函数相加就意味着，我们要把函数中每一个点的 y 值对应地相加起来. 比如，当 $x=0$ 的时候，$y=x$ 这个函数上，$y=0$，我们管它叫 y_1 吧，$y=2$ 的这个函数呢，$y=2$，我们管它叫 y_2，那么这两个函数图象相加以后，新的点会在哪儿呢？就应该在 y_1+y_2 的位置上，$0+2=2$，所以新的函数图象肯定是经过（0，2）这一点的. 如果按照这个规律继续分析，我们就会发现：当 $x=1$ 的时候，$y_1=1$，$y_2=2$，所以新的 y 就等于3，按此规律类推，我们就可以不断地从 x 轴上的一点出发，作出一条垂线来，先看看它和第一个函数的交点，再看看它和第二个函数的交点，然后，把这两条垂线段相加，就可以得到一个新的点. 也就是说，所谓两个函数的图象相加，就是分别看看这两个函数图象上的每一个点距离 x 轴有多远，然后把它们的距离加起来. 当我们陆陆续续作出来很多点以后，再把这些新的坐标点连接起来，就发现这个曲线正好就是 $y=x+2$ 的那条直线.（坐标数据如表 14－1 所示）

表 14－1

x	-2	-1	0	1	2
$y_1=x$	-2	-1	0	1	2
$y_2=2$	2	2	2	2	2
$y=y_1+y_2$	0	1	2	3	4

这个道理很简单，$y=x$ 和 $y=2$ 相加的结果，不就是 $y=x+2$ 吗？不过，如果我们从图象上看，结果就会更加简单明了：与 x 轴相比，$y=2$ 的函数图象，本来就是比 x 轴增高了 2 个单位长，所

以两个函数图象相加的结果，肯定也就会是在原来的图象基础上上移2个单位．（如图14－1所示）那么，这个规律会不会只适合于常数呢？

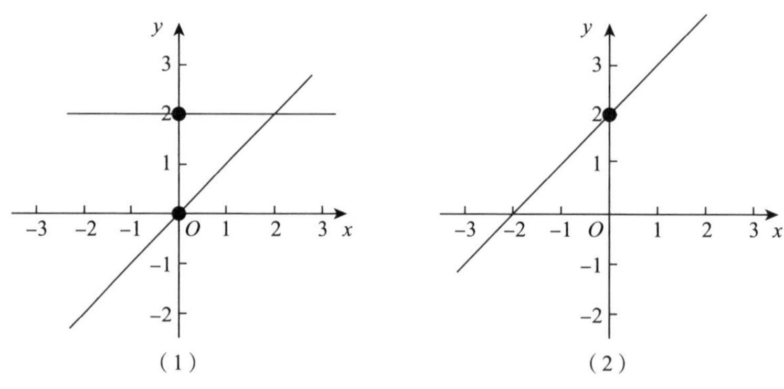

图14－1

接下来，我们继续看一看两个线性函数相加的结果：

如果 $y=2x$ 和 $y=x$ 两个函数相加，会是什么结果呢？我们仍然严格按照描点连线的方式绘制出函数图象：$y=x$ 的图象就是标准的45°斜线，而$y=2x$的直线倾斜角度比较大．我们把这两条直线相对应的纵坐标的数值相加，得到了一条新的直线，通过描点作图我们发现，最终得到的新的直线正好就是 $y=3x$. 对于这条直线，我们怎么理解呢？可以认为这两条直线和 x 轴相比，都按逆时针方向往左转了，相加以后就会旋转过一个更大的角度，于是我们就得到了 $y=3x$ 这条坡度更大的直线．（如图14－2所示）接下来我们再看看二次函数和一次函数相加的结果：

我们知道，$y=x^2$ 的图象是一条抛物线，$y=2x$ 的图象是一条直线，那么两者相加的结果如何呢？在前面我们已经尝试了，$y=x^2+2x$ 的曲线仍然是抛物线，只不过它的对称轴会向左移动，会变成 $x=-\frac{b}{2a}$，函数的顶点会移动到 $y=c-\frac{b^2}{4a}$ 的位置上，由于 $a=$

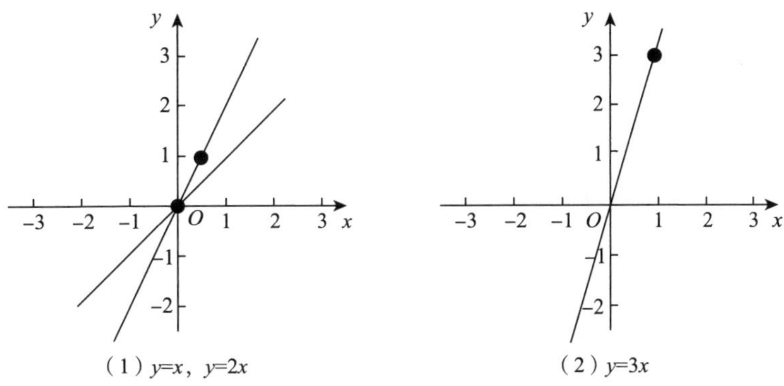

（1）$y=x$，$y=2x$　　（2）$y=3x$

图 14－2

1，$b=2$，$c=0$，不难得出新的对称轴就是 $x=-1$，顶点坐标为（－1，－1）.（如图 14－3 所示）如果从函数图象的角度来解释，这一切的结果又是为什么呢？按照直观的方式理解，函数相加的结果不应该是抛物线变窄或者旋转过一个角度吗？

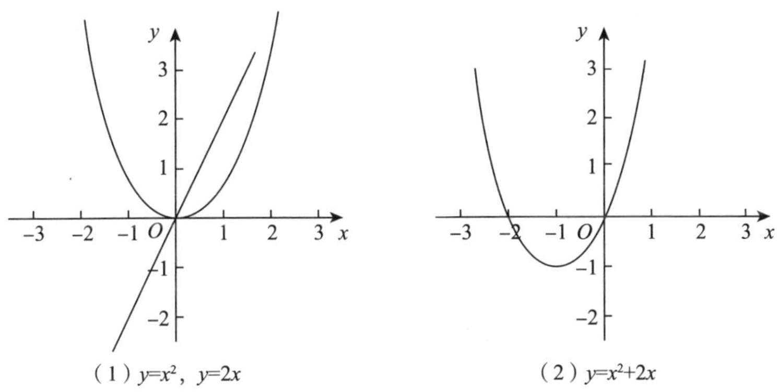

（1）$y=x^2$，$y=2x$　　（2）$y=x^2+2x$

图 14－3

仔细分析一下两个函数的图象就明白了：在两个函数图象中，先看$x>0$的这部分图象，就会发现，$y=x^2$ 是大于0 的，y 随着 x 的增大而增大，同样 $y=2x$ 也是大于 0 的，y 也会随着 x 的增大而增大，因此，这两条函数图象相加的结果，确实是一条坡度更陡的曲线，这样的结果完全符合我们的直观认识，无论我们把它理解为函数图象被拉伸了还是往左旋转了一个角度，都是合理的.

再看 $x<0$ 的这部分图象立刻就全明白了，函数 $y=x^2$ 的左半边仍然是大于0的，但是 $y=2x$ 的左半边却是小于0的，而且，在靠近 $x=-1$ 的这一段曲线当中，函数 $y=x^2$ 上升的坡度非常缓慢，同 $y=2x$ 下滑的幅度相比，y 增加的部分太小了，于是这就导致了这两条曲线相加的结果是小于0的，这就是函数图象整体下移的原因. 不过 $y=x^2$ 毕竟是二次函数，如果我们从右往左看，当经过 $x=-2$ 这一点以后，y 增加的速度就越来越快了，于是两个函数相加的结果又变成了大于0的，因此这个曲线就和 x 轴有了两个交点，一个交点是 $(-2, 0)$，另一个交点就是原点 $(0, 0)$.

最后，如果我们再仔细观察一下抛物线和斜线相加的结果，就会产生一个这样的感觉，好像 $y=x^2$ 这条抛物线，站在了 $y=2x$ 的斜面上，但由于它的脚底又圆又滑，结果导致两者相加的时候站不稳，往左下角滑了那么一小段，这就是二次函数和一次函数相加的结果.

◎ 函数变换的本质：各自发生毫无影响的自然规律

实际上，不仅两个函数可以加减，很多个函数图象相互交织在一起，同样可以通过纵坐标实现加减运算. 为什么要反反复复折腾函数的加减法呢？隐藏在代数几何背后的那个秘密又是什么呢？

首先，所有的函数、变量、图形及加减乘除的运算，全部源于实际生活中的一些问题，源于客观世界中的某种现象. 无论这些函数表示的是时间、速度、距离，还是长度、面积、体积，都不是无中生有的数字游戏，而是对这个世界的抽象模拟，因为这个世界的运动变化都是有规律的，我们才能从中抽象出优美的几何曲线，抽象出简洁的代数算式．在这里玩函数图象和你在手机上玩的游戏没有本质区别，都是一种现实世界的模拟．只不过，数学的抽象程度更高、应用范围更广、价值更大而已．

其次，虽然这个世界的运动变化是有规律的，但是发生在我们身边的大多数现象却又是混乱无序的．那是因为每一件事情的背后，都有很多的规律在同时发生着作用．无论是物质世界还是人类社会都是如此：对于物质世界而言，一个在马路上飞驰的汽车，不仅受到发动机的推力作用，而且会受到地面的摩擦阻力，还会同时受到侧向风力的影响．当多个规律同时施加在一个物体上的时候，它到底应该受哪个规律的支配呢？同理，对于人类社会而言，当一个人在做事的时候，既要考虑自身的利益，又要考虑对其他人的影响，还要考虑法律法规和道德规范的约束，还会受到自己民族习惯的影响等，到底应该坚持怎样的原则呢？我们反反复复地研究函数加减乘除的规律，目的就是解决这些问题．因为每一个简单优美的函数图象都描述了某一规律的作用，而它背后的代数解析式，就是这种规律的数学表达．当多个规律同时出现的时候，坐标系上就出现了多条函数图象，对这些函数图象的研究，就是对自然规律的把握．通过一个函数图象，可以认识一种规律；通过多个图象的组合，能够理解多个规律共同作用的效果．

学习了函数图象的加减法以后，就可以在没有函数表达式的条件下计算两个函数的共同作用．比如，对于一辆汽车而言，我们知道了换一个轮胎对车速影响的函数图象，又知道了换一种润滑油的影响规律，于是，我们只要把两个函数图象叠加起来，就可以得出两者共同作用的结果．不仅如此，函数相互独立的这种性质，还可以让我们从一个复杂的函数图象之中，分解出多个相互独立的函数．比如，我们在欣赏几十种乐器合奏的交响乐的时候，虽然乐器的声音混响在了一起，我们仍可以轻松地识别出任何一种乐器的曲谱．

数字的加减、变量的加减、函数的加减，所有这些试验都明明白白地告诉我们：世界上所有的自然规律都在毫无影响地各自发挥着自己的作用，这就是隐藏在代数和几何背后的更本质的规律，它是一切规律背后的总规律．比如：当汽车的动力系统与空气的阻力相遇的时候，动力系统无须做出改变，空气的阻力函数也无须改变，它们各自发挥作用的结果，就是车速的函数．我们学了函数的加减法，就可以知道，世界上的规律虽然多，但是它们交织在一起的时候，都可以毫无影响地独自发挥作用．我们在函数图象的叠加规律中也可以清晰地看到这一点：在函数图象相加时，用的是几何法则；在解析表达式相加时，用的是代数语言，两者毫无影响地各自发挥作用，最后的曲线却在无声无息之中完美地契合在一起，与其说这是数学之美，不如说这是数学家把世界之美以一种优雅的方式表达了出来．

科学之所以称为科学，就是因为它是分科之学．为了研究各个领域内部的规律，就必须把它们放到各自独立的领域中去研究，这就相当于从一个复杂的函数中拆分出独立的函数曲线，一旦我们掌握了函数变化的特征，就意味着我们认识了这种客观规律，又可以把这些学问组合起来，投入实际的生产生活中去．这就是函数加减变换带给我们的启示．

◎ 函数的乘法和灯塔背后丰富的世界

说完了函数的加减，再说说函数的乘法．一个函数乘以另一个函数的结果是什么呢？先简单看一下函数相乘的几何意义．在几何语言里，线段相乘的含义有两种：一种是两条线段垂直相交，组成了一个长方形，两者相乘的结果就是这个长方形的面积；另一种是把一条线段按照一定的比例放大．接下来，我们就会把这两种含义巧妙地结合起来，展现在同一个坐标系上．

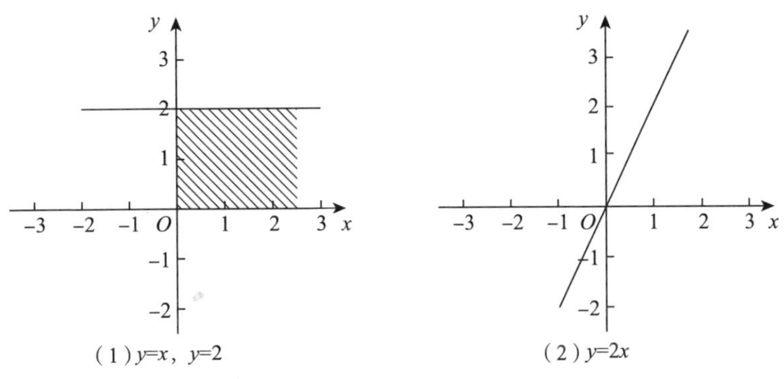

图 14－4

从最简单的函数开始：$y=2$ 和 $y=x$ 相乘的结果是什么呢？$y=2$是一条和 x 轴水平的直线，它到 x 轴的距离有 2 个单位长；而 $y=x$ 表示的是一条 45°的斜线．如果直接从图象上来看，两者似乎无法相乘，因为两条直线之间的夹角不是 90°．在这里，直接把 x 轴本身当作 $y=x$ 的图象来看待，在 $y=2$ 和 x 轴、y 轴之间就有了一个长方形的空间，我们只要把这个空间的面积求出来，就可以当作 $y=2$ 和 $y=x$ 相乘的结果．这个空间的面积是什么呢？它的纵向高度是2，横向的宽度正好就是 x 轴上对应的数值，比如 $x=1$ 时，由 x 轴、y 轴、$x=1$、$y=2$ 围成的这个长方形的面积就是 $2\times1=2$，而当 $x=2$ 时，这个长方形的面积就是4.［如图14－4（1）所示］依此类推得到如表14－2所示的数据表.

表14－2

x	0	1	2	3	4
$y_1=x$	0	1	2	3	4
$y_2=2$	2	2	2	2	2
面积	0	2	4	6	8

根据上述数据，我们不难发现长方形的面积随着 x 的增大而增大，它和 x 是正比例的关系，也就是说两个函数相乘的结果是 $y=2x$. 截至目前，还是把面积当作两个函数的乘积，但是，当函数表达式 $y=2x$ 出来以后，把函数图象画在同一个坐标系上，y 的数值就是用纵坐标的长度来代表了. 当我们同时把 $y=2$ 和 $y=2x$ 的图象画在同一个坐标系上以后，$y=2$ 这个直线与 x 轴之间的面积，正好就是 $y=2x$.（如图14－5所示）同样，$y=2x$ 中，任何一点的

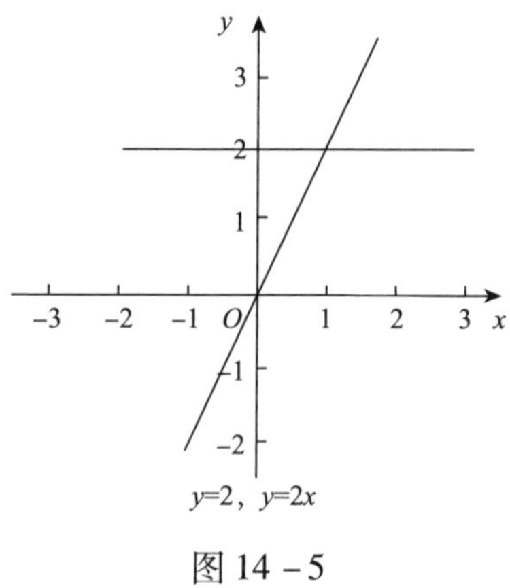

图14－5

纵坐标的大小，也都是 $y=2$ 下方的矩形面积，不但如此，$y=2x$ 这条直线的斜率恰恰就是 $k=2$. 这两个函数图象，一个用纵坐标表示了对方的面积，一个用直线表示了对方的斜率.

上述分析似乎没有得出有价值的结论：两个函数，一个是 $y=2$，一个是 $y=x$，两者相乘的结果等于 $2x$，结果只不过是人所共知的事实而已. 但是，如果按照上述方法继续分析下去，就会发现一个完全不同的新世界. 如果凭借直觉判断，在 $y=2x$ 的基础上再乘上 $y=x$，结果似乎应该等于 $2x^2$，而正确结果是 x^2，这又是为什么呢？接下来我们就来深入分析：

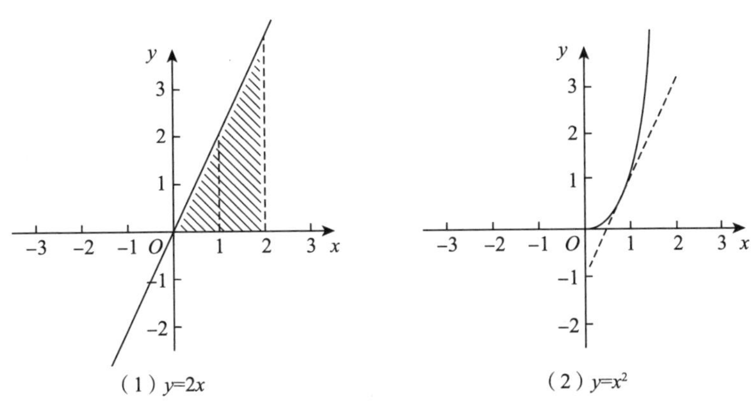

图 14－6

$y=2x$ 的函数图象是一条经过原点的斜线，如果要计算它和 $y=x$ 两个函数的乘积，需要计算这条斜线与 x 轴之间包含的图形的面积. 在 $x=1$ 的位置上，我们可以画出一条垂直于 x 轴的直线，显然，当 $x=1$ 时，$y=2x$ 的函数值 $=2$，这就意味着两条直线的交点是（1，2）. 同时，因为 $y=2x$ 也经过原点，相互交叉就形成了一个直角三角形，三角形的底边是 x 的坐标值等于 1，另一条边是 $y=2x$的纵坐标高度等于 2，知道了两条直角边，很容易得出三角形的面积 $S=2\times1\div2=1$. 同理，当 $x=2$ 时，x 轴与 $y=2x$ 的交点是 4. ［如图 14－6（1）所示］按此规律，得到三角形的面积随 x 的变化规律如表 14－3 所示.

表 14－3

x	0	1	2	3	4
$y_1=2x$	0	2	4	6	8
三角形面积	0	1	4	9	16

描点绘图以后，得到的结果显然就是 $y=x^2$ 的图象，而不是 $y=2x^2$，为什么会这样呢？从图形上来看，这是三角形的面积，三角形的面积等于长乘宽除以 2，它不像 $y=2$ 一样，$y=2$ 的这条直线是和 x 轴平行的，它截取的面积是长方形，只需要长乘以宽就可以了. 从代数表达式上，我们还是不理解，为什么 $2x$ 乘以 x 以后被无缘无故地缩小了一半.

其实，现在要求的是两个函数的乘积，而随着 x 的增长，这两个函数都在不断地变化之中. 比如：当 $x=3$ 时，$y=2x$ 的结果等于 6，两者相乘的确等于 $3\times6=18$. 然而问题在于，x 并不是一直等于 3 的，$2x$ 也不是一直等于 6 的，它们都是从 0 开始，逐渐变大的. 换句话说，现在要求的是两个变化的数的乘积，因此不能用它们最终的结果来表示.

对此，可以举出一个形象的比喻：当工人在劳动时，随着经验不断积累，生产产品的速度也会越来越快：虽然第 1 天只能生产 1 件产品，但是当工作到第 5 天后，他每天都能生产 5 件产品了. （数据整理见表 14－4）在这种情况下，如果要求他在第 N 天时一共生产了多少件商品，就不能用最后一天的速度乘以所有的天数，而只能是把每天生产的产品数量累加起来，而这个累加的结果，就相当于两个动态函数的乘积．

表 14－4

劳动天数 N	1	2	3	4	5
生产速度	1	2	3	4	5
商品总数量	1	3	6	10	15

同理，$y=2x$ 和 $y=x^2$ 之间存在的就是这种关系，后者表示的是前者和 x 轴之间的面积．现在，让我们把 $y=x^2$ 的数字序列依次写下来，分析这些数据会发现另一个有趣的事实：如果我们用 y 的下一个数值减去上一个数值，就可以得到函数的 $y=x^2$ 增长量，把每一点的增长量写下来就得到了一个奇数序列 1、3、5、7、9（见表 14－5），每次的差值都是 2；如果我们把这些点重新绘制成一条线，就会发现，这是一条和 $y=2x$ 平行的线，是的，这就是 $y=x^2$ 的增长量的变化规律．于是，$y=2x$ 表示的就是 $y=x^2$ 这条抛物线的增长量的规律．

表 14－5

x	1	2	3	4	5
$y=x^2$	1	4	9	16	25
增长量	1	3	5	7	9

现在，在同一个坐标系上得到了三个函数图象：$y=2$ 这条直线表示的是 $y=2x$ 的增长率，而 $y=2x$ 表示的是 $y=2$ 与 x 轴之间的长方形的面积；同理，$y=2x$ 这条斜线表示的是 $y=x^2$ 的增长率，而 $y=x^2$ 表示的则是 $y=2x$ 与 x 轴之间的三角形的面积．（如图 14－

7 所示）它们三者之间相互依存地高度融合在一起，同样告诉我们这样一个基本事实：这个世界在变化的背后总是隐藏着不变的规律．像抛物线这样复杂变换的曲线，背后是一条有规律的斜线在支撑，而斜线的数值仍然是变化的，它的背后又是一条永远不变的水平线．就这样，我们依靠函数图象的变换，完成了对这个世界普遍法则的深刻理解．

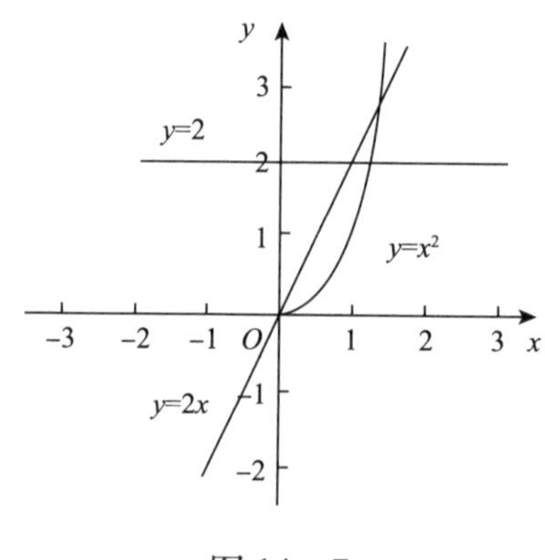

图 14 －7

那么，$y=x^2$ 与 x 轴之间的面积如何计算呢？$y=2$ 的背后还有没有更本质的规律呢？当然有，这是高等数学微积分的基本内容．只要把一根曲线进行无限切分，切分成最微小的点，尔后发现每一个点的变化规律，这个过程就叫作微分；与之相反，把一个不规则图形切分成无限小以后求得各部分的面积，再把它们累积起来，这个过程就叫作积分．微积分既可以让我们不断剖析规律背后的规律，直至抓住事物的本质，又可以让我们从简单至极的普遍规律出发，一步步推导演化出复杂问题的解决办法．

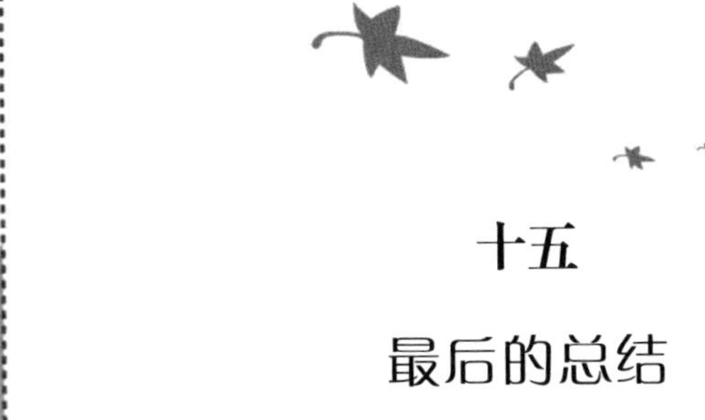

十五
最后的总结

◎ 让数据告诉我们宇宙的过去和未来

前面我们提到，几何和代数可以让我们根据规律求解出数据，而解析几何可以帮助我们从数据之中发现新的知识，从数据之中发现新知识的过程叫作数据统计分析．在学习过程中，绝大部分课程都是教我们如何利用知识解决问题，而数据统计分析则可以帮助我们透过现象分析本质，通过数据获取知识．

我们在小学阶段学过绘制简单的分析图表，把一系列的数据以柱状图、折线图、饼图等图形的方式呈现，对一列数据进行排序、求和、求平均值，所有这些都是基本的数据分析行为．作出一张图表这只是数据分析的开始，而不是数据分析的结果．无论是通过表格的方式来呈现，还是通过图的方式来呈现，数据的本质并没有改变，所有的这些形式都只是为了方便分析，分析结果应该是数据背后的原因，以及我们应该采取的相应行动．

事实上，数据的统计分析工作是一门高深的学问，这不仅仅是由于数据量非常庞大，需要专业的计算机技术辅助；更是因为数据之间的关系非常复杂．在实际应用中，大部分数据都是通过观察和测量得到的，在此过程中难免产生误差，这就导致数据中原本就存在一些误差和错误，这些数据被形象地称为噪声数据．对于噪声数据，我们可以通过去除一些异常值、取平均值等方式把它们适当地过滤掉．然而，在这些数据当中又会真实存在一些微弱的差异，这些差异一旦被忽略掉，就可能导致我们发现不了事实真相．也就是说，如果对数据观察得太过精细，有可能陷入无意义的噪声之中；如果对数据的统计太过粗略，又容易失去有价值的信息．因此，对于数据分析工作必须慎重．

接下来，我们通过对一个班级的考试成绩进行一次模拟分析，看看如何透过现象发现本质，通过数据找到提高班级成绩的办法．

首先，要保障数据的来源是可靠的．对于一个班级的考试成绩而言，获取原始数据最方便的渠道就是从班主任手中获得，但是第一手的资料却要从任课老师那里获得，因为班主任手里的成绩也是从任课老师那里得到的．保证了信息来源的准确及时以后，要做数据清洗，去掉一些噪声数据．比如，有因病没有参加考试的同学，在统计的时候就不能把他（她）考虑在内；有刚刚转学来的同学，他（她）的成绩也可以暂时被忽略．

然后，做基本的数据统计．可以先统计出每个同学的总分、平均分、班级名次、分数段，然后统计出各科总分、各科平均分，还要找到以往各学期的对应分数，所有这些都是基本数据统计．

最后，对这些数据进行深入分析．可以从整体到局部地逐步深入，先画出本班在各学期平均分的折线图．假设通过折线图发现，班级的平均分数比上学期提高了，就得到了数据的整体情况，然而这个分析结果只能说明此次考试的总体情况，并不是数据分析的最终目的，我们要分析的是这个结果背后的原因．接下来继续从其他的角度深入分析．

比如：先看看各科平均分的变化情况，假如其他科目平均分变化不大，只有数学平均分提升了，那就说明，班级总分上升的原因是因为数学引起的．但是如果从这个角度分析发现不了规律，各科平均分增减的幅度很小，那么就可以继续从每个分数段的角度分析，看看是成绩好的同学提升了，还是成绩差的同学提升了．如果发现是成绩差的同学提升了，就可以再进一步分析提升的原因，分析到什么程度为止呢？分析到没有数据支撑为止．比如：成绩差的同学变好了的原因是因为近期班级纪律管理得更严格了，然而纪律严格不严格，只是一个定性的描述，很难用数据的方式量化呈现，所以只能分析到这一步，于是得到此次数据分析的结论：本学期平均分上升是由于加强了纪律监督，要维持这种上涨的势头，需要继续维持班级纪律．

在工作学习和生活中，会有诸多原因导致成绩上升或者下降，如果不认真对数据做出统计分析，没有客观的数据作为依据，而是按照自己的主观想象，凭空认定一个理由，那么成绩的上升就不能持续，问题的出现就不能得到妥善的解决．

人是感性的动物，很容易被表面的情感因素所影响，然而数据是理性客观的结果，在处理很多问题的时候，尊重数据就意味着尊重事实，就意味着实事求是的作风．正是依靠着数据分析的帮助，开普勒才发现了行星运动的定律；正是依靠数据分析的帮助，天文学家才发现了海王星；正是对哈勃望远镜的数据分析，我们才知道了整个宇宙的过去和未来. 在现代社会中，数据逐渐成为人类最宝贵的财富，必须高度重视对数据的统计分析.

以上对数据分析做了一个简单的介绍，并且模拟了数据分析的过程，完成了这部分的讲述以后，初中数学课程就要全部结束了. 这套课程贯穿了初中数学的绝大部分内容，课程设计的初衷是为了让不了解数学的人爱上数学，内容以数学思想、基础的数学知识和数学在生活中的应用为主，不知道这些内容是否对你有所帮助.

◎ 数学是这个世界的普遍真理吗

今天我们来谈一个最重要的问题，这又是一个颠覆我们“三观”的问题，那就是：数学真的就是这个世界的普遍真理吗？为什么我们还要问这个问题呢？从开篇到现在，一直都在强调数学的真实性. 我们曾经说过，就算天天和父母在一起，都不能确定他们是不是自己的亲生父母，但我们从来不会怀疑 $1+1=2$，为什么现在又要讨论数学的真理性了呢？

数学的真实性超过了我们所熟悉的一切事物，牛顿就是受到了《几何原本》的启发，才构建了自己的物理学公理体系，开启了近代科学的大门. 从那个时代开始，人类对自然科学的崇拜就超越了对宗教神灵的崇拜，自然科学崛起的同时也见证了数学的伟大，经济学家、社会学家也都开始通过数学构建自己的知识大厦.

既然欧几里得用几条公理就能搭建起整个几何学的大厦，牛顿用几条定律就能搭建起物理学的大厦，那么，我们为什么不能通过分析人类活动的基本规律，构建起经济学和社会学的大厦呢?

与此同时，数学内部的不同分支也在开始重新构建，既然几何学可以通过公理体系搭建，那么逻辑学、代数学、概率等其他数学分支为什么不能同几何学汇集到一起，共同搭建起一个更加宏伟的大厦呢? 从 17 世纪开始，数学家们就开始通过各种方式努力达成这一目标. 19 世纪末 20 世纪初，物理学和数学的发展达到了一个历史的顶峰，科学家和数学家普遍相信，除了少部分问题之外，绝大部分问题已经得到解决，人类智慧的终极目标马上就可以实现了.

19 世纪的最后一天，开尔文勋爵发表了著名的演讲，他提出了著名的“物理学世界的两朵乌云”，认为只要科学家们再努一把力，把这“两朵乌云”扫清了，物理学的大厦就可以顺利竣工了. 不久，数学家希尔伯特发表演说，同样提出了闻名世界的 23 个数学难题，认为只要这 20 多个问题解决后，人类也就再无难题了. 可是，人类的这种高傲根本没有持续多久.

1905 年，一声惊雷炸响，爱因斯坦的相对论诞生了，这一理论彻底地动摇了牛顿力学的基础，相对论时空观的严重离经叛道程度，即使到现在，还有很多人不敢相信. 更让人不可思议的是，到了 1927 年，从物理学的另“一朵乌云”里头，又产生了量子力学这样一个怪诞的理论，海森堡发现了测不准原理，这一下就让包括爱因斯坦在内的物理学家们都傻眼了，虽然说人家相对论看起来很怪异，但是好歹人家有个公式，能算出个准数来，但量子力学却认为，我们无法同时得到一个基本粒子的位置和速度. 众所周知，物理学要想获得发展，必须要依靠试验数据的支撑，如果微观粒子的位置和速度测不准，我们还怎么进行深入研究呢？海森堡用概率的方式研究，说白了就是扔硬币、掷骰子．所以爱因斯坦到死都不相信量子力学，他曾经反反复复地叨念着：上帝不会掷骰子的．

物理学的情况如此，数学也好不到哪儿去．就在希尔伯特兴高采烈地搭建自己的公理体系的过程中，1931 年，从奥地利冒出来一个年轻的小伙子哥德尔提出了一个著名的不完备定理．这个定理确凿无疑地证明：不是所有的正确的观点都是能被证明的．这就是说，虽然有一些道理有可能是正确的，但是它们却是绝对不能被证明的．这个定理一发布，那些铆足了劲儿立志要搭建公理体系的数学家们，全部都泄气了，大家对数学的那种无上的崇拜之情，也就瞬间消失了．如果这件事情发生在毕达哥拉斯的年代，这些数学家们一定会把哥德尔这个年轻人碎尸万段的，因为这个结论的确太让人沮丧了，而且它还的确是真实的．

定理为什么一定需要证明呢？不能证明也不耽误使用，比如勾股定理，即使不去证明它，不是同样可以使用吗？然而问题在于，哥德尔定理还明白地告诉我们，那些不能被证明的道理之间，相互还会有矛盾冲突．按照常识，如果两个道理相互矛盾，那么两者之间肯定有一个是对的，另一个是错的．但是对不起，根据哥德尔的理论，既不能证明哪个是对的，又不能证明哪个是错的，甚至它们还有可能都是对的，只不过是使用在不同的场景中而已．

尤其重要的是，不能证明，就意味着这些道理之间没有关联关系，如果这个世界上存在很多互不相关的知识，也就意味着我们永远建立不起来一座完美的知识大厦，意味着我们永远找不到这个世界的终极原理．因为所谓的终极原理就是支撑其他原理的基础理论，也就是说，只有在其他道理都可以由这个道理推导出来的情况下，我们才能证明这一理论就是世界的本源，这也是人类智慧的终极目标．然而现在，哥德尔明确告诉我们，实现这一目标绝无可能．如果是这样的话，我们学知识、增长智慧的目的又是什么呢？

相信大家都听过这样一句话："书山有路勤为径，学海无涯苦作舟．"其实这句话是断章取义的结果．学海无涯是庄子的观点，《庄子》的原文是："人生也有涯，而知也无涯，以有涯随无涯，殆矣！"意思就是说，世界上的知识是学不完的，也不存在一个所谓的终极真理，你用有限的生命追逐无限的知识，是很危险的．庄子的意思再明白不过了，不要浪费时间去学习知识了，有工夫还不如好好歇会呢．过去，我们都以为庄子的观点太过消极，但现在哥德尔的不完备定理告诉我们，庄子的这个观点很有可能是对的！

本书的内容就要结束了，在结束之前，我为什么要带给你一个如此消极的观点呢？三个原因：第一是责任，我有责任告诉你事情的真相，而不能让你在"心灵鸡汤"的麻醉下去学习；第二是权利，一个初中生毕业以后很快就要成年了，你有自己做出选择的权利，你既可以勇敢地挑战数学和自然科学的难题，也可以走向社会解决一些生产生活中的具体问题；第三是勇气，当我们面对未知的领域、面对未来的世界的时候，最重要的不是信心，而是勇气，是知其不可为而为之的勇气．

数千年前，中华民族的祖先开启了农业文明，面对的是一个未知的领域．我想，早在公元前 6 世纪的那个时代，人类就已经感受到了知识的力量，感受到了知识的魅力，感受到了知识的广博．

所以，庄子才会发出“人生也有涯，而知也无涯”的感叹，苏格拉底才会承认自己唯一知道的就是自己的一无所知．但是，当面对无穷无尽的空间结构知识的时候，欧几里得勇敢地整理出了清晰的脉络；当面对纷繁复杂的自然现象时，牛顿勇敢地发现了自然哲学的原理，他们都带领着我们走过了那段黑暗的岁月．他们既有老子的远见卓识，又有开拓进取不断前行的勇气．如今，与两手空空的古人相比，我们已经站在无数巨人的肩膀上了，难道不应该继续秉承他们的智慧和勇气吗？

最后，我必须要指出：虽然数学远不是真理的化身，但它仍然是目前人类智慧的顶峰．一切严肃的学术活动，都需要借助数学语言才能精确地描述；一篇科技学术论文只有通过数学模型的构建和验证才算完成．从数学自身而言，在我们的前面，还有高等数学、拓扑学、混沌理论、概率统计等一座座灯塔在闪闪放光，在这些灯塔的前面仍然存在无尽的空间等待着我们去开拓．为了照亮人类的征程，我们仍需建立一座座更高的灯塔．

你的学习之路刚刚开始．希望你在学习的路上，勇敢地前行，祝愿你取得好的学习成绩，同时更希望数学思维能够陪伴你的一生，照亮你人生前行之路．